Gerhard Tersteegen

In Gottes Gegenwart

Klassiker der christlichen Spiritualität
Band 3

Gerhard Tersteegen

In Gottes Gegenwart

Gedanken zum geistlichen Leben

Herausgegeben von Thomas Baumann

NEUFELD VERLAG

NEUFELD VERLAG

Umschlaggestaltung: spoon design, Olaf Johannson
Umschlagbilder: ShutterStock
Satz: Neufeld Verlag
Herstellung: CPI books GmbH, Leck

2. Auflage 2026

ISBN 978-3-86256-012-7, Bestell-Nummer 588 739

Dieses Buch als E-Book: ISBN 978-3-86256-718-8

Die Deutsche Bibliothek verzeichnet diese Publikation in der Deutschen Nationalbibliografie; detaillierte bibliografische Daten sind im Internet über www.dnb.de abrufbar

Bei Fragen zur *Produktsicherheit* wenden Sie sich bitte an den Hersteller: Neufeld Verlag, Schlagäcker 18, D-92706 Luhe-Wildenau, Deutschland, Telefon 0 96 07/9 22 72 00, E-Mail info@neufeld-verlag.de

neufeld-verlag.de

Bleiben Sie auf dem Laufenden:
YouTube | Instagram | Facebook | **neufeldverlag**
newsletter.neufeld-verlag.de
www.neufeld-verlag.de/**blog**

Inhalt

Zitate von Gerhard Tersteegen aus diesem Buch

Wir sind nur, weil du bist und weil du willst, dass wir sein sollen.

* * *

Ich bin nur eine Gestalt, ein armseliger Schatten, wenn du nicht in mir bist und ich in dir bin, wenn du nicht der Grund und das Wesen meines Wesens bist.

* * *

Bedenke, dass all dein Gut und dein bester Freund bei dir drinnen sei und sich mit dir unterreden will: Warum wolltest du denn ausgehen und ihn allein lassen?

* * *

Liebe auch diejenigen, die nicht in allem so wandeln wie du: Lass du einen jeden seinen Weg gehen, was geht's dich an? Folge du Jesus nach.

* * *

Handle und wandle mit Gott von nun an gleichsam als unter vier Augen.

* * *

Es besteht aber diese Übung (der liebreichen Gegenwart Gottes) kurz darin: dass wir einfältig und andächtig glauben, dass Gott überall und auch in unseren Herzen gegenwärtig sei ...

* * *

Heilig sein und selig sein ist eins und eben dasselbe, nur dass in diesem Leben die Sache stufenweise unter Kreuz und Proben fortgesetzt, in jenem Leben aber in völligem und unwandelbaren Genuss und Glanz erscheinen wird.

* * *

Man setze vielmehr die Heiligung nach der Schrift in die wirkliche Reinigung von Unart und Verderben und in die Erneuerung des inneren Menschen von einer Klarheit zur anderen nach dem Bild dessen, der uns geschaffen hat; oder (welches einerlei ist) in die Gleichförmigkeit mit Jesus Christus.

* * *

Nicht nur ist es böse, wenn wir uns besser stellen, als wir sind, sondern es ist auch ein böses Affektieren (Verstellung und gemachtes Wesen), ja, vielfältig eine eitle Ehrsucht, wenn wir uns, es geschehe mit Worten oder auf eine andere Weise, elender, ärmer und böser darstellen, als wir sind, oder als wir glauben und fühlen, dass wir sind.

* * *

Wir sollen nur von unserem eigenen Tun ablassen, Jesus unser Herz wahrhaftig geben, bei ihm kindlich drinnen bleiben und ihn frei durch seinen Geist in uns wirken lassen.

* * *

Die Seele tue Gutes, so gebrechlich als es auch ist, und erwarte, dass der Herr es läutere und vollkommen mache. Niemand ist gut denn der einige Gott.

* * *

Wenn das Böse wesentlich oder gründlich in uns getötet und ausgerottet werden soll, so muss Gott solches tun und wir müssen's leiden.

* * *

Es kommt mir eben so vor (ja noch unvernünftiger), als wenn einer, der nach Rom reisen wollte, sich einbildete, er müsste vorher alle Reisebeschreibungen, nicht allein nach Rom, sondern durch alle vier Teile der Welt durchlesen und von dem allen ein ordentliches Konzept ins Gedächtnis fassen, dabei aber sich nimmer auf die Reise begäbe und sich inzwischen doch einbildete, er wäre sehr weit in seiner Reise gefördert, ob er wohl nach wie vor stille in seinem Hause sitzen bliebe.

* * *

Ach! ich fürchte, dass mancher Gott und sich selber so unbekannt ist, dass er wegen solcher Leichtsinnigkeit besser weiß, was hundert andere machen, als was in seinem eigenen Herzen vorgeht und von Gott darin gewirkt wird.

* * *

Noch ein anderer Griff des Tausendkünstlers, um gute Gemüter in dem einzig Nötigen zu hindern und aufzuhalten, ist, wenn er sie in eine übermäßige Wirksamkeit, Forschen und Spekulieren der vorwitzigen Vernunft führt, da man dann oft auf allerhand unnötige Streitfragen in der Theorie, auf äußere Umstände und Nebendinge oder auf Subtilitäten der Vernunft, auf diese oder jene Meinungen gerät.

* * *

Was dir auf deiner Reise zur Ewigkeit nicht beförderlich sein kann, lass dir auch ja nicht hinderlich sein.

* * *

Dein stetiges Werk sei, bei dir selbst zu bleiben und mit dem Herrn im Verborgenen deines Geistes so zu wandeln, als wenn du nur mit ihm allein in der Welt wärest.

* * *

Lass es dir sein, als wenn du in der Gesellschaft eines guten und lieben Freundes durch ein fremdes Land und eine wüste Einöde reistest.

* * *

Auf solche Weise der Welt und dir immer absterben und so mit Gott im Verborgenen leben, das heißt Jesus nachfolgen, darin besteht der Kern und das Wesen des Christentums.

Dies muss dein allein wichtiges, dein einziges und alltägliches Geschäft hier auf Erden sein, dies muss dein einziger Hauptzweck sein, den du bei allem stets im Auge haben und wozu du alles andere richten musst.

* * *

Alle seine Beschäftigung war nur, zu sein in dem, das seines Vaters ist (Lukas 2,49), ohne um fremde Dinge sich zu bekümmern, wozu er nicht in der Welt war.

* * *

Durch kein Mittel kann sich Gott des menschlichen Herzens besser bemächtigen als durch die Liebe, und durch kein Ding kann der Mensch Gott besser gefallen als durch die Liebe, denn sie ist des Gesetzes Erfüllung.

* * *

Er gewöhne sich daran, alles, was er tut, aus Liebe zu diesem Gott zu tun; alles, was ihm begegnet, in Liebe von diesem Gott anzunehmen; alles, was er zu leiden hat, in Liebe um dieses Gottes willen zu ertragen.

* * *

Liebe haben und Liebe fühlen, ist nicht allezeit beisammen.

Vorwort

In einer Reihe „Klassiker der christlichen Spiritualität" darf Gerhard Tersteegen nicht fehlen. Aber gerade weil wir ihn zu kennen glauben und er vor allem durch seine Lieder „Gott ist gegenwärtig" und „Ich bete an die Macht der Liebe" auch heute noch weithin bekannt ist, ist es reizvoll und lohnend, sich mit seinen kleinen Schriften, die er zu verschiedenen Anlässen verfasst hat, zu beschäftigen. Die Tiefe seiner Gedanken erschließt sich erst, wenn man diese kurzen Texte in ihrer schlichten Sprache langsam und am besten mehrmals liest. Ganz bewusst wurde Tersteegens Sprache deshalb auch weitgehend belassen und nur da, wo es uns heute unverständlich oder missverständlich schien, eingegriffen. Wir sind so gleichsam „gezwungen", die Texte aufmerksam, nachdenkend zu lesen und kommen so der inhaltlichen Tiefe eher auf die Spur. Und mit jedem Lesen werden Ihnen die Texte wertvoller werden.

Es ist in unserer lauten und hektischen Welt nicht einfach, still zu werden, damit auch das „leise Säuseln" nicht überhört wird, in dem schon der Prophet Elia Gott wahrgenommen hat. Das große Anliegen Gerhard Tersteegens war es, selbst in der Gegenwart Gottes zu leben und andere zu einem solchen Leben einzuladen.

Die in diesem Buch versammelten Texte spiegeln dieses Anliegen wider. Leitendes Motiv bei der Auswahl war die

Aktualität der Gedanken für unsere Spiritualität heute. Es ging also nicht darum, das ganze inhaltliche Spektrum der Arbeiten Tersteegens abzubilden, sondern vielmehr das herauszugreifen, was uns besonders aktuell und inspirierend erschien für unser Leben und Glauben.

Thomas Baumann

Thomas Baumann

Gerhard Tersteegen

1. Ein stilles Leben?

Zur Biografie Gerhard Tersteegens

Wie geht das zusammen: Ein Mystiker, der jede Ablenkung und Zerstreuung fürchtet, der die Einsamkeit und die Stille sucht, und der doch ständig in Kontakt mit Menschen steht, die etwa brieflich und persönlich seinen Rat suchen, die ihn zu Predigtdiensten anfragen, sodass er schließlich sogar seinen Beruf aufgeben muss, um den Anfragen auch nur einigermaßen nachkommen zu können? Als er in jungen Jahren selbst sehr arm war, hielt ihn das nicht ab, das Wenige, das er entbehren konnte, mit den Armen in der Umgebung zu teilen, die er abends, wenn ihn niemand sah, in ihren elenden Behausungen aufsuchte. Er eignete sich im Lauf der Zeit umfassende medizinische Kenntnisse an und wendete diese vor allem bei Kranken an, die sich keinen Arzt oder Apotheker leisten konnten. Schließlich waren seine Arzneien so gefragt, dass er für ihre Zubereitung eine Hilfe einstellen musste!

Dass er „zu seinen Lebzeiten der einflussreichste Vertreter des reformierten Pietismus in Deutschland gewesen“ sei, werde wohl niemand bestreiten, stellte jüngst ein

Pietismusforscher fest[1]. Man meint darin fast etwas wie göttliche Ironie zu sehen: Gerhard Tersteegen sucht die Abgeschiedenheit und hat doch ständig mit Menschen zu tun. Und es ist wichtig, diesen realen Lebenshintergrund zu kennen, damit die Gedanken Tersteegens zum geistlichen Leben nicht allzu einseitig als Einladung zum völligen Rückzug aus der Welt missverstanden werden.

Gerhard Tersteegen wurde am 25. November 1697 im niederrheinischen Moers geboren. Von 1703 bis 1713 besuchte er die 1582 im calvinistischen Geist von Graf Adolf von Moers gegründete Lateinschule. Die gründlichen Sprachkenntnisse, die er hier im Lateinischen, Griechischen, Hebräischen und Französischen erwirbt, werden ihm bei seinen zahlreichen Übersetzungsprojekten später gute Dienste leisten. Nach Abschluss der Schule ist an ein Studium aus Kostengründen nicht zu denken. Tersteegens Vater war schon 1703 gestorben, und so kommt Gerhard zu seinem Schwager, einem Kaufmann in Mülheim an der Ruhr, in die Lehre. Die vierjährige Lehrzeit war hart, zumal Tersteegen schnell klar geworden war, dass der Kaufmannsberuf, der viel Umgang mit Menschen bedeutet, nichts für ihn sein würde. Nach Beendigung der Lehrzeit wechselte er deshalb zur Leinenweberei, musste jedoch feststellen, dass er den Anforderungen dieses Berufs aufgrund seiner schwachen körperlichen Konstitution nicht gewachsen war. Er lernte das Bandweben und suchte als Bandwirker seinen bescheidenen Lebensunter-

---

1 Benrath, Gustav Adolf: Tersteegens Begriff der Mystik und der mystischen Theologie. In: *Der radikale Pietismus. Perspektiven der Forschung.* Hrsg. von Wolfgang Breul, Marcus Meier und Lothar Vogel. Göttingen 2010. S. 325.

halt zu verdienen. Was darüber hinausging, bekamen die, die noch bedürftiger waren als er. Oft genug hatte er aber schwer zu kämpfen, selbst sein Auskommen zu erwirtschaften.

Wie war Gerhard Tersteegens geistlicher Werdegang? Sein Vater muss ein frommer Mann gewesen sein, allerdings war die Prägung durch ihn durch seinen frühen Tod vielleicht nicht so stark. Einer seiner Brüder war Prediger. Wir können davon ausgehen, dass Gerhard früh mit den Fragen und Tatsachen des Glaubens in Berührung kam. Eine erste persönliche Glaubenserfahrung scheint er während der harten Zeit seiner Ausbildung gemacht zu haben[2] und in Mülheim lernte er auch den Prediger-Kandidaten Wilhelm Hoffmann und dessen Gemeinschaft kennen. Die Begegnung mit diesem Pietisten gab Tersteegen wohl entscheidende Impulse für seinen Glauben und seine Spiritualität.

Er begann die Schriften der Mystiker zu lesen, deren Gedanken ihn sein ganzes Leben lang begleiten und prägen würden. Als junger Mann durchlebte er über mehrere Jahre zurückgezogen und in großer – teils erzwungener, teils selbst gewählter – Askese eine sehr schwere Zeit nicht nur äußeren Mangels, sondern auch innerer Leere und Dunkelheit. Schließlich erreichte ihn die befreiende Erkenntnis: „... die versöhnende Gnade Jesu Christi wurde ihm so gründlich und überzeugend bloßgelegt, dass sein

2 Zumindest deutet das die „Lebensbeschreibung des seligen Gerhard Tersteegen" an, die posthum von seinem engen Umfeld verfasst worden war. In: Gerhard Tersteegen, *Wir sind hier fremde Gäste. Eine Auswahl aus seinen Schriften.* Hrsg. von Walter Nigg. Wuppertal [2]1980. S. 4.

Herz völlig beruhigt wurde."[3] In einer Art schriftlichem Gelöbnis, der sogenannten „Blutverschreibung", weihte er sich am Gründonnerstag 1724 ganz Jesus. Dieses Datum markiert einen gewissen Wendepunkt auch in seiner äußeren Lebensgestaltung. Er lockerte seine bis dahin streng asketische Lebensweise etwas, gab seine Einsamkeit auf und eröffnete mit einem Geistesverwandten eine Wohn- und Arbeitsgemeinschaft. Er erteilte seinen Nichten und Neffen Religionsunterricht, schrieb erste Gedichte und begann die Schriften der Mystiker zu übersetzen, die ihm so viel bedeuteten. Auch der Beginn seiner seelsorgerischen Arbeit, die ihn bis zu seinem Tode zunehmend beschäftigen würde, liegt in diesen Jahren.

Von seiner Tätigkeit als Armenarzt und seiner Herstellung und dem Vertrieb von Arzneien war schon die Rede. So bietet sein Leben das interessante Bild eines Menschen zwischen Rückzug und Zuwendung, zwischen Einsamkeit und Gemeinschaft, zwischen Stille und unermüdlicher Wirksamkeit.

Gerhard Tersteegen starb am 3. April 1769.

---

3 Nach Cornelius Pieter van Andel, Gerhard Tersteegen. In: *Orthodoxie und Pietismus.* Hrsg. von Martin Greschat. Stuttgart [2]1994. S. 332 (= Gestalten der Kirchengeschichte Bd. 7).

2. Zu diesem Buch

Lesehilfen

Jedes Denken und jede Theologie ist immer auch zeitgebunden. Manches an Tersteegens Gedanken können wir heute hinterfragen. Die Schönheit der Schöpfung, die Freude und das Lachen etwa kommen in seinen Gedanken nicht zu dem Recht, das sie in einer ausgewogeneren Theologie hätten. Aber selbst wenn wir manches an seinen Gedanken zum geistlichen Leben als einseitig empfinden mögen, bleibt doch noch sehr vieles, was uns heute tiefgehende Impulse zu geben vermag für unser Leben und Glauben. Die Weite seines geistlichen Horizonts, die Ernsthaftigkeit und Aufrichtigkeit seiner Nachfolge, die Radikalität seiner Liebe und vor allem seine Betonung eines Lebens in der Gegenwart Gottes beeindrucken und inspirieren uns heute noch.

Zur Auswahl und zur sprachlichen Gestalt der Schriften

Gerhard Tersteegens publizistische Arbeit bestand neben seiner geistlichen Dichtung, die er gesammelt im „Geistlichen Blumengärtlein" schon 1729 veröffentlichte, vorwiegend in übersetzerischer Tätigkeit. Berühmt wurden seine Übersetzungen von Biografien vorbildlicher Christen, die unter dem Titel „Auserlesene Lebensbeschreibungen Heiliger Seelen" in drei Teilen erschienen.

Seine zu verschiedenen Anlässen selbst verfassten kleinen Schriften fasste Tersteegen in einem Buch zusammen, dem er den Titel „Weg der Wahrheit" gab. Aus der letzten von Tersteegen verantworteten vierten Auflage (1768), die 1968 bei Steinkopf in Stuttgart noch einmal nachgedruckt wurde, sind die Texte für unser Buch entnommen. Sie wurden lediglich geringfügig und im Wesentlichen orthografisch der heutigen Schreibweise angepasst. Die sprachlichen und stilistischen Eigentümlichkeiten Tersteegens wurden jedoch weitgehend belassen.

Den Herausgeber leitete bei der Auswahl der Schriften Tersteegens die Überlegung, das Herausfordernde der Spiritualität Tersteegens und zugleich ihre große Aktualität für unsere von Ablenkungsaufforderungen wimmelnde Zeit zu betonen.

Gerhard Tersteegen

Schriften

1. Anhang eines Handbriefleins von der wahren Mystik

In der Gnade Jesu geliebter Bruder!

Eure beiden Brieflein habe ich erhalten. Die innige Neigung zum verborgenen Leben mit Christus in Gott macht, dass ich jederzeit einige Abneigung gehabt, in mehrere äußere Bekanntschaften und Briefwechsel zu geraten. Gott fügt es aber vielfältig wider meine Neigung. Ich kann und will auch seiner Hand in keinem widerstehen. Jetzt finde ich Freiheit, Euch einfältig zu bezeugen, dass ich Euch herzlich liebe und öfters grüße im Geist der Liebe Jesu und dass mir Eure Brieflein angenehm und erquickend gewesen sind.

Ich freue mich sehr, dass Gott Euch einen Geschmack und Zug zur Einkehr und zum inwendigen Leben geschenkt hat. Zu diesem köstlichen Leben berufen sein, ist eine große, aber auch unverdiente Gnade Gottes, welche mit vieler Treue beantwortet werden muss.

Gott lädt uns ein zu seiner Liebesgemeinschaft. Er will unseren Geist sich zur Wohnung und Tempel zubereiten; da sollen wir im inneren Heiligtum schauen seine schönen Gottesdienste. Ach, welche Barmherzigkeit!

Sind dann die Ausflüsse der Liebe Gottes gegen unsere unwürdigen Seelen so überschwänglich: so sollen wir denn auch recht milde sein und uns in keinem Stück diesem ewigen Gut vorenthalten, da er uns ganz allein für sich haben will.

Ganz für Gott sein, ist das wahre Geheimnis des inwendigen (mystischen) Lebens, ein Christenleben, wovon sich die Leute solche seltsamen und fürchterlichen Bilder machen. Und so leben wir, wenn Christus selbst unser Leben wird.

Ein selbst gemachtes Christenleben, wovon nicht Christus im Inwendigen lebend der Ursprung und die Seele ist, ist nicht das, was es genannt wird, sondern eine tote Larve, eine äußere Gestalt ohne Leben und Kraft.

Wir sollen nur von unserem eigenen Tun ablassen, Jesus unser Herz wahrhaftig geben, bei ihm kindlich drinnen bleiben und ihn frei durch seinen Geist in uns wirken lassen.

Es ist nichts einfältiger, sicherer, lieblicher, fruchtbarer als dieses Herzensleben, welches nicht durch Lesen und Kopfanstrengen, sondern durch Sterben und Lieben gründlich erkannt und erfahren wird. Ist also mehr das Werk des Geistes Jesu in uns als unser eigenes Werk.

Auf die Wirkungen und Züge dieses Geistes acht haben, denselben zufriedenstellen und ihm folgen, macht uns zu eingekehrten und geistlichen Menschen. Dieser Geist der Liebe, wenn er wohl gewartet wird, flößet der Seele den Sinn Jesu Christi ein und bildet sie nach dessen Gestalt so unvermerkt, als fast ein Kind im Mutterleib gebildet wird; führt sie immer ein in das Loslassen aller Dinge und ihrer selbst und in die unbedingte Überlassung an Gott.

Er fordert dieses nicht mit gesetzlicher Strenge, sondern führt die folgsame Seele selbst hinein und gibt ihr übernatürliche Grundneigungen, dass sie es auch gern will (trotz ihrer Ichbezogenheit) und dem Lamme folgt, wo es mit ihr hingeht.

Je mehr wir inwendig aufgeräumt und in friedsamer Andacht uns befinden, desto besser und lauterer wandeln wir.

Die besondere Übung des Gebets oder der Einkehr dient hauptsächlich dazu, dass wir diesem zarten Führer kindlich aufwarten und er unserer recht mächtig werde.

Da gilt kein Selbstmachen oder Formen; es hindert nur. Man muss ein armer formloser Ton sein in der Hand des Töpfers. Diese Liebeshand formt uns nach ihrer Weise.

Sie führt ein in eine ungekünstelte Einfalt und süße Niedriggesinntheit, sie macht sanft und willenlos, sie lehrt allen eigenen Absichten nach und nach absagen und Gott lauter meinen. Sie setzt uns in eine gründliche Abgeschiedenheit von allem fremden und eigenen Leben, da Gott der alleinige und ganze Schatz der Seele wird und sich in ihr verklärt nach seinem Belieben. O wohl denen, die also ihr eigenes Haus immer mehr vergessen und im Hause Gottes wohnen; die loben ihn immerdar!

Dies sei denn hinfort unser Ganzes, lieber Bruder, blind und bloß dem zu folgen, der uns berufen hat mit einem so heiligen Ruf. Ich bin gewiss, dass Gott durch diesen Weg gesucht werden will und dass er wolle, dass man ihm auf diese Weise im Geiste und in der Wahrheit diene, ob ich wohl selbst elend genug bin.

Das wahre inwendige Leben ist keine besorgniserregende oder neue Sache. Es ist der uralte wahre Gottesdienst, das christliche Leben in seiner Schönheit und eigentlichen Gestalt. Recht innige Seelen machen keine besondere Sekte. Wenn ein jeder der Lehre und dem Leben Jesu durch dessen Geist folgte, so würden alle ohne Zweifel einig und innig und die Welt voller Mystiker werden, das heißt solcher Leute, die nicht einen bloßen Schein im Äußeren, sondern einen verborgenen Menschen des Herzens erlangten, der in dem unverderblichen Schmuck eines sanften und stillen Geistes so köstlich ist in dem Angesicht Gottes.

Ich weiß nicht, warum ich dieses schreibe, da der liebe Bruder schon genugsame Gewissheit vor dem Herrn in diesem Wege bekommen hat. Lasst uns dann nur bei dem Herrn bleiben und uns immer inniger ihm überlassen. Denn er ist sehr gut auch unter allen Prüfungen denen, die auf ihn warten. Er ist unserem Geiste ewig genug etc.

2. Kurzer Bericht von der Mystik

In Jesus geliebter Bruder!

Wie so oft haben wir's nicht bedauert, dass das inwendige Christenleben so unbekannt und gar verdächtig bei manchen Frommen, auch besonders bei Gelehrten sei, aber auch nur deswegen verdächtig, weil es unbekannt sei. Unlängst erfuhr ich, dass ein mit mir wohl bekannter frommer Prediger sehr seltsame Gedanken davon geäußert hatte. Ihn eines Besseren zu überzeugen, schrieb ich den hierbei gehenden Brief. Mystische Theologie ist eben das, was wir unter uns das inwendige Leben oder die Herzensgottseligkeit zu nennen pflegen. Gott befohlen.

Mülheim an der Ruhr, den 5. Sept. 1768.

G. T. St.

Sie verlangen zu wissen, was man eigentlich durch die Mystik oder mystische Theologie verstehe. Ich antworte: Das kann keiner recht sagen oder er muss selbst ein Mystikus sein, und keiner gebührend verstehen, wo er nicht selbst auf dem Wege ist, ein solcher zu werden.

Ich bin zu gering, nur dasjenige zu unterschreiben, was jene (vor der Welt verhasste, vor Gott und allen Kennern aber) große Männer und teure Zeugen Gottes unter den

Protestanten, ein Arnold und Poiret[1], von dieser Materie gründlich und reichlich bezeugt haben. Sie wollen aber doch auch meine Gedanken wissen.

Würde ich Ihnen nun sagen, mystisch sei dasjenige, was David in Psalm 51 die Wahrheit im Verborgenen, die heimliche Weisheit nennt und es sei die verborgene geheime Weisheit, von welcher Paulus nur zu den Vollkommenen (1. Korinther 2,6.7) reden konnte, dann würde Ihre Antwort sein: das klingt zwar mystisch genug, allein ich weiß doch nun noch nicht, worin die Mystik besteht.

Sagte ich (und so ist es ganz eigentlich die Wahrheit), die Mystik sei nichts anderes als die christliche Gottseligkeit in ihrer besten Kraft, Schönheit und Fülle, dann würden Sie sagen: Nun, das klingt schön, aber man erklärt mir darum noch nicht, worin die Sache besteht.

Antworte ich endlich: Werden Sie dann selbst ein Mystikus, dann verstehen Sie erst, was es für eine Sache sei: so ist's eben das, was ich schon anfangs geantwortet und sage nur, was Sie tun sollen, um die Sache recht zu erkennen; Sie sind aber dabei nicht weiter, als Sie bisher gewesen, und verstehen nicht mehr, als Sie bisher verstanden. Ich will dann sehen, ob ich mich näher erklären kann.

Die Mystiker machen keine besondere Sekte aus, sie haben keine von anderen christlichen Parteien unterschiedene Lehrsätze: so wenig als die Kinder Levi (deren Erbteil der Herr war, 5. Mose 10,9) ein eigenes Land und eine von den anderen Stämmen Israels unterschiedene

---

1 *Anmerkung des Herausgebers:* Gottfried Arnold (1666–1714), stark von der Mystik beeinflusster Pietist, Historiker. Pierre Poiret (1646–1719), französischer Mystiker.

Religion hatten, sondern unter allen Stämmen zerstreut lebten.

Unter den Römisch-Katholischen, unter den Protestanten, in der griechischen Kirche können Mystiker sein, ohne Urteil über ihre besonderen Lehrsätze und Religionsübungen. Ich will damit nicht sagen, dass uns alle Religionsparteien gleichgültig sein müssen. Keineswegs! Zuvörderst müssen alle zur Seligkeit erforderliche Grundwahrheiten ihre Richtigkeit bei uns haben; in allem übrigen ist ein jeder im Gewissen verpflichtet, so zu glauben und so zu handeln, wie er's vor Gott und nach der Schrift am richtigsten zu tun urteilt[2]. Ein Separatist kann auch ein Mystiker sein oder werden, obgleich ein wahrer Mystiker nicht so leicht ein Separatist wird: Er hat wichtigere Sachen zu tun.

Mystiker sind keineswegs Enthusiasten zu schelten. Das unschuldige Wort Enthusiast[3] wird heutigen Tages nur in einem negativen Sinn gebraucht. Menschen (Gelehrte oder Ungelehrte), die sich für Werkzeuge oder für Gesandte Gottes ausgeben und wollen, dass man ihre eigenen Einfälle, Meinungen, Triebe, Eifer und Reden als göttlich und für Gottes Wort halten und annehmen soll, zeigen aber mit der Tat, dass sie nicht vom Geiste Gottes, sondern vom Geist der Welt und von ihrem eigenen Geist regiert werden, das sind dergleichen schädliche Enthusiasten. In diese Zunft aber gehören die Leute keineswegs,

2 Dieses vorausgesetzt, braucht einer keineswegs von einer Religionspartei zur anderen überzutreten, weil er etwa hört oder liest, dass da oder dort so viele heilige oder innige Seelen gewesen. Das wäre gewiss eine große und gefährliche Torheit.

3 Ist eigentlich jemand, der eine göttliche Eingebung und Trieb hat.

welche Paulus Kinder Gottes nennt, von welchen er will, dass sie alle wahrlich und unumgänglich den Geist Gottes haben müssen: der müsse in ihnen wohnen, sie treiben (Römer 8,14), regieren und alles, was gut, heilig und selig heißt, in ihnen wirken, wie solches die Früchte zeigen würden.

Ist's nicht eine beklagenswürdige Torheit zu nennen, dass manche Theologen, wenn sie im leeren Felde mit Gegnern (Pelagianern, Sozinianern[4] etc.) sich in Streit einlassen, die Notwendigkeit der inneren Wirkungen des Geistes und der Gnade tapfer genug verfechten können; denn so bringt es die Lehre mit sich: wenn sie aber mit Menschen zu tun bekommen, die wirklich solche heilsame Wirkungen in sich erfahren, alsobald mit Enthusiasten und Phantasten um sich werfen, unerachtet man wohl alle Sonntage singt: *Gutes denken, Gutes dichten muss dein Geist in uns verrichten.*

Gesichte, Offenbarungen, Eingebungen, Weissagungen und manche andere außerordentliche Dinge können zwar einem Mystiker auch ungesucht begegnen, gehören aber so gar nicht zum Wesentlichen der Mystik, dass vielmehr alle erfahrenen Mystiker hinsichtlich solcher außerordentlichen Sachen die wichtigsten Erinnerungen geben.

Mystiker sind auch nicht Schwätzer von großer Geistlichkeit, sie affektieren[5] keine dunkle, hochtrabende,

---

4 *Anmerkung des Herausgebers:* Unter Pelagianismus versteht man den Glauben, dass die menschliche Natur nicht durch die Erbsünde verdorben sei. Die Sozinianer (F. Sozzini, 1539–1604) lehnten die Trinitätslehre ab.

5 *Anmerkung des Herausgebers:* „affectieren" nach Adelung: „auf eine gezwungene und unnatürliche Art nachahmen".

verblümte Redensarten, sondern sprechen das, was sie erfahren, so aus, wie sie es mit Worten (1. Korinther 2,13), die der heilige Geist lehrt, deutlich machen können. Sie reden wenig, sie tun und sie leiden vieles, sie verleugnen alles, sie beten ohne Unterlass, der geheime Umgang mit Gott in Christus ist ihr ganzes Geheimnis.

Theosophie und Mystik sind auch unterschieden. Die wahren und Original-Theosophen, deren uns von der Apostel Zeit an sehr wenige bekannt geworden, waren alle Mystiker, aber weit gefehlt, dass alle Mystiker auch Theosophen sein sollten. Unter Tausenden nicht einer. Theosophen sind solche, deren Geist (nicht Vernunft, Esprit) die Tiefen der Gottheit (1. Korinther 2,10) nach göttlicher Führung erforscht und aus unzweifelbarer Schauung solche Wunder erkannt hat. Es könnte dieses genug sein, die Sache zu begreifen, ich komme aber näher.

Das Wort mystisch wird bisweilen im weitläufigeren, bisweilen im engeren Sinn genommen. Im ersteren Verstande ist es nichts anderes als die praktische Theologie oder die Ausübung der Gottseligkeit, insofern sie Gnade und Herzensveränderung zum Grunde hat: demnach nicht eine bloß natürliche Moral.

Im engeren und eigentlichen Verstande bedeutet es denjenigen Grad der Erfahrungserkenntnis Gottes, welchen Paulus und alle Mystiker nach ihm genannt haben die Erleuchtung, welche der Apostel wohlgemerkt den Gläubigen (Epheser 1,17.18) noch erbittet (weit unterschieden von der anfänglichen Erleuchtung) (Apostelgeschichte 26,18; Hebräer 10,32).

Es gehört demnach und ferner dahin das Bleiben in Jesus (Johannes 15,4); das Anhangen an Gott (1. Korinther 6,17), um *ein* Geist mit ihm zu werden; das Wandeln (1. Mose 17,1) in der Gegenwart Gottes; das Anbeten im

Geist und in der Wahrheit (Johannes 4,23); die wirksame und leidentliche Reinigung von allen Befleckungen des Fleisches und des Geistes (2. Korinther 7,1) (welche was anderes ist als die anfängliche Reinigung von den toten Werken [Hebräer 6,1]); die Ausgießung der Liebe Gottes ins Herz (Römer 5,5), einer Liebe, welche endlich alle Furcht austreibt (1. Johannes 4,18); die Salbung (1. Johannes 2,20), welche in allen Dingen lehrt; das Beschauen der Herrlichkeit Gottes mit aufgedecktem Angesicht (2. Korinther 3,18); die Offenbarung (Johannes 14,21.23; 17,1; 2. Korinther 6,16; Epheser 1,17.18) oder Inwohnung Gottes in der Seele (welche auch den gläubigen Korinthern noch eine Verheißung war); das Leben Gottes, da der Mensch oder das Ich nicht mehr lebt, sondern Christus in ihm (Galater 2,20); das Wandeln im Himmel (Philipper 3,20); der Friede Gottes, welcher über allen Verstand ist (Philipper 4,7); das Vollkommensein in Eins (Johannes 17,23) etc.

Dieses und unzählig anderes, welches wir wörtlich in der Schrift ausgedrückt finden, heißt und ist mystische Theologie, wovon sich die Leute so fürchterliche Vorstellungen machen.

Nicht aber bei allen (auch gereiften) Frommen finden sich diese Sachen so auf einmal, auf einerlei Weise, in einerlei Maße und Fülle, sondern nach der Ausleerung, Stärke und Fähigkeit eines Gefäßes gießt Gott das Übernatürliche hinein (übernatürlich und mystisch ist ein und eben dasselbe). Das höchste Gut ist reich und bereit zu geben: Tue deinen Mund weit auf (Psalm 81,11), so will ich ihn füllen. Aber ach! der bedürftige Mensch will nicht nehmen.

Die Patriarchen, die leuchtenden Heiligen des Alten Testaments, die ersten brennenden Christen überhaupt leerten sich ganz aus, kehrten sich völlig zu Gott, übergaben sich unbedingt seiner Führung hin. Diese waren demnach alle wahre Mystiker und haben, ein jeder in seinem Teil, die oben erwähnten und andere Wunder göttlicher Gemeinschaft erfahren.

Bei dem hernach erfolgten Abfall von dem ersten Ernst und Lauterkeit gab es zwar noch immer gottsuchende fromme Menschen in der Christenheit, welchen sich auch Gott, der Heiland aller Menschen, nicht entzog, sondern ihnen Gutes tat und das wenige Gute in ihnen unterhielt. Da aber insgemein ihre Ausleerung[6] sehr gebrechlich, ihre Hingabe so unvollkommen und unterbrochen und die ganze Gemütsbeschaffenheit so matt und krank war und blieb: so nahm zwar der Herr das Wenige, so sie ihm gaben (wenn sie aufrichtig zu Werk gingen), gütigst an, ließ ihnen auch nach eines jeden Fähigkeit Gutes widerfahren und förderte sie, so weit eines jeden Umstände, Temperament, Vorurteile, Mut und Treue es zuließen; fast alle aber blieben bei der Wahrnehmung der sogenannten Gnadenmittel, beim buchstäblichen Wissen, bei gutgemeinten Andachtsübungen, bei vorübergehenden sinnlichen Rührungen stehen. Ihre Führer selbst wussten und wollten auch nichts Besseres. Da wurde demnach das innere Leben oder die Mystik immer rarer und unbekannter, endlich gar verdächtig; der Unvollkommenheit und allem Elend machte man ein feines Pflaster; aber die Wirkung des Geistes Gottes im Inneren abwarten und derselben Raum geben (nach Römer 8,14), das hieß Ket-

6 *Anmerkung des Herausgebers:* Ein Begriff der Mystik – Ausleerung bedeutet „Leerwerden von sich selbst“, „um gleichzeitig im Herzensgebet Gott in uns Raum zu geben“ (E. Jungclaussen).

zerei und enthusiastisch. Und so steht's noch in der Christenheit bis auf den heutigen Tag.

Ein Mystiker setzt voraus zum unbeweglichen Fundament alle Wahrheiten der heiligen Schrift, auch besonders die durch Christus geschehene Versöhnung; aber er lässt es nicht dabei bewenden, dass er nur allein und immerdar dieses Fundament besehe und davon rühme, sondern er sieht hauptsächlich zu, dass auch was Schönes, Gold, Perlen und Edelsteine auf dieses Fundament gebaut werde, kann sich darum mit Holz, Heu und Stoppeln von allerhand Nebensachen nicht viel aufhalten (1. Korinther 3,11.12).

Dennoch aber kann ein wahrer Mystiker auch nach den Umständen mit unverstellter Andacht und Herzensverehrung sogar von den ersten Anfängen christlicher Lehre reden, lesen und hören. Nichts ist ihm klein und gering, was von seinem göttlichen Urheber kommt, was von demselben zeugt und dahin weist. Das Große, so er in Gott und in allem Göttlichen sieht, macht ihm nur das Sichtbare klein (2. Korinther 4,18) und dass er auch selbst wahrlich klein wird ohne Kleinmütigkeit. Ein hochmütiger Mystiker ist eine Unmöglichkeit, eine sich selbst widersprechende Redensart.

Schließlich bedaure und erinnere ich noch dieses, dass in diesen unseren Tagen bei anfänglich Bekehrten die Notwendigkeit des Fortgangs in der Heiligung nicht gebührend beherzigt noch darauf gedrungen wird, wovon doch die Schrift so deutlich und so reichlich zeugt.

So wird auch die Glückseligkeit dieser Sache nicht recht beherzigt und angezeigt. Heilig sein und selig sein ist eins und eben dasselbe, nur dass in diesem Leben die Sache stufenweise unter Kreuz und Proben fortgesetzt, in jenem Leben aber in völligem und unwandelbarem Genuss und

Glanz erscheinen wird. Selbst die anfängliche Seligkeit bei der Vergebung der Sünden setzt schon voraus den Anfang der Heiligung in wahrer Buße und Glauben.

Auch dieses müsste als wichtig und vorsichtig angezeigt werden, dass diese Heiligkeit nicht gesucht und gesetzt werden müsse in einiges bloß äußere Ding, Übung oder Werk, als welches alles, aufs Beste genommen, nur Handleitungen oder auch Früchte der inneren Heiligkeit sind; woraus aber, wenn man die Sache selbst darin setzt und sein Vertrauen darauf stellt, anstatt Gnadenmittel wohl Verhinderungen der Gnade werden können.

Man setze vielmehr die Heiligung nach der Schrift in die wirkliche Reinigung von Unart und Verderben und in die Erneuerung des inneren Menschen von einer Klarheit zur anderen nach dem Bilde dessen, der uns geschaffen hat; oder (welches das Gleiche ist) in die Gleichförmigkeit mit Jesus Christus. Und man suche sie, bei Verleugnung alles anderen, durch Herzensgebet und Einkehr bloß in dem inwendigen Umgang und Gemeinschaft mit Gott, so wie er uns in Christus unaussprechlich nahe ist, um uns kraft dessen Auferstehung durch den Geist (Römer 1,4) der Heiligkeit von Grund aus zu heiligen, zu bewirken und zu beleben.

Und eben dieses ist der sichere Weg zur wahren Mystik oder zum inwendigen Christenleben, es besteht auch großenteils darin.

Ich bin etc.

3. Schein und Sein, Gestalt und Kraft der Gottseligkeit oder des Gottesdienstes

Ehedem an einen Freund holländisch geschrieben

Sie haben den Schein (oder Gestalt) der Gottseligkeit, aber derselben Kraft verleugnen sie.
2. Timotheus 3,5

1

Wenn ich über die Materie der mir mitgeteilten Schrift auch meine Gedanken zurückschicken soll: so sage ich nur kurz, dass alles dasjenige, was nicht das Inwendige und Gott selbst in Christus zum Grund und Ursprung hat, bloß ein Schein und kein Sein oder Wesen des Gottesdienstes zu nennen sei. Aus diesem allgemeinen Satz ist unschwer herzuleiten alles, was ich sonst noch über diese Materie zu sagen habe.

2

Erstlich, wenn wir vor Menschen im Reden, Tun oder Gebärden uns anders aufführen oder bezeigen, als wir's meinen, oder anders, als wir in der Tat sind oder wünschen zu sein, wie bedeckt und subtil solches auch zugehen möchte: so wandeln wir nicht einfältig, es ist Lügen und keine Wahrheit, oder wenigstens es ist ein gemachtes, verstelltes Ding, ein Schein und kein Sein, ein Gräuel in den Augen Gottes.

3

Nicht nur ist es böse, wenn wir uns besser stellen, als wir sind, sondern es ist auch ein böses Affektieren (Verstellung und gemachtes Wesen), ja, vielfältig eine eitle Ehrsucht, wenn wir uns, es geschehe mit Worten oder auf eine andere Weise, elender, ärmer und böser darstellen, als wir sind, oder als wir glauben und fühlen, dass wir sind.

4

Ich bediente mich aber vorhin mit Bedacht des Ausdrucks: sind oder wünschen zu sein. Denn einer, der böse, hochmütig, zornig usw. ist, dennoch aber die entgegenstehenden Tugenden in Aufrichtigkeit zu haben wünscht, der ist verpflichtet, nach der Anforderung des göttlichen Gesetzes und seines eigenen Gewissens dem Bösen zu widerstehen und es zu unterdrücken, dass es nicht ausbreche: und indem er dieses tut, so heuchelt oder verstellt er sich nicht, im Gegenteil würde er sich verstellen, wenn er's ausbrechen ließe, da er doch in seinem Herzen das Gute und nicht das Böse meint und wünscht. Sollte aber ein solcher, der das Böse (zum Exempel den Zorn) in sich unterdrückt und sich sanftmütig zeigt, deswegen sich einbilden, dass er schon die Tugend der Sanftmut wesentlich besäße oder bei anderen für einen sanftmütigen Menschen wollen gehalten sein, der würde sich betrügen. Er hat den Schein, aber noch nicht das Sein oder Wesen dieser Tugend.

5

O mein Gott, wie so sehr hat die Heuchelei, Gleißnerei und Verstellung den durch den Sündenfall verstellten Menschen durchdrungen! Und wie so wenig sehen wir diese Gräuel in uns selbst: Da wir der inneren dicken Finsternis und Verwirrung wegen nicht merken, was drinnen ist, weil wir so wenig bei uns selbst und noch weniger bei dir bleiben! Lehre mich, o Gott, der du meinem Äußeren und meinem Inneren so unaussprechlich nahe bist, wandeln unter der Aufsicht deiner Augen, in dem reinen Licht deiner Wahrheit, damit ich einfältig zu Werk gehe in allem meinem Tun und Wesen!

6

Zum anderen folgt aus obigem allgemeinen Satz, dass alle Pflichten des Gottesdienstes, welche nicht die wahre Andacht des Herzens, die Anbetung Gottes im Geist und Wahrheit zu ihrem Grund und Ursprung haben, weiter nichts sind als nur ein Schein, eine Larve, eine Gestalt des Gottesdienstes, aber kein Wesen.

7

Ich merke deswegen an, dass es nicht gut sei, zumal für eine innige im Geist wandelnde Seele, wenn sie gar zu viele äußere gottesdienstliche Übungen annimmt, weil dadurch die innere Kraft und Andacht leicht geschwächt und abgemattet wird: nur muss sie die wenigen gemäßigten Übungen, so sie hat, mit so viel größerer Bedachtsamkeit und Herzensandacht wahrzunehmen sich angelegen sein lassen.

8

Sonst aber, wenn bei allen unseren äußeren gottesdienstlichen Pflichten nur aufrichtige Herzensandacht ist, dann ist unser Tun kein eitler und bloßer Schein, sondern in seinem Maß Gott gefällig: gesetzt, dass auch wir zu der Anbetung Gottes im Geist und Wahrheit (im völligen Verstande genommen) noch nicht möchten gelangt sein, wohin wir uns auch selbst nicht bringen können.

9

Zum dritten können wir hieraus schließen, dass alles Licht oder Erkenntnis Gottes und göttlicher Wahrheiten, so uns entweder bloß mittelbar von außen beigebracht wird, oder so wir durch die Wirksamkeit unserer Vernunft uns selbst zuwege bringen, oder wenn, nachdem wir einiges wesentliche Licht der Wahrheit von Gott in unserem Grunde oder Verständnis empfangen haben, wir solches in unsere Imagination und Vernunft überbringen und uns Vorstellungen davon machen, Folgen und Schlüsse daraus ziehen und durch diese unsere Bemühung einige Vermehrung des Lichts oder der Erkenntnis erlangen, wenn es gleich auf den allergeistlichsten und innigsten Wegen des Christentums wäre: dennoch alles dieses Licht und Erkenntnis (wie gründlich, wie schön, wie anmutig, wie innig uns solches auch vorkommen und sein möchte) sofern nur eine Gestalt, nicht aber das Wesen der Wahrheit sei, ein nachgemachtes Ding, ein Bild unserer Hände, worin öfters die Selbstliebe mehr Gefallen hat als am Original; oder dass es, aufs beste genommen, eine spekulativische Wahrheit sei, das ist, da die im Grund erlangte wesentliche Erkenntnis der Wahrheit zurückstrahlt und im Spiegel der Einbildungskraft sich darstellt, und es demnach ein schöner Körper im Spiegel beschaut, aber nicht der Körper selbst sei.

10

Hierdurch aber will ich keineswegs verwerfen einige gute äußere Mittel, oder einige erlangte Erkenntnis, in ihrem rechten Gebrauch und zur gebührenden Zeit; denn so würde man zu weit gehen: ich zeige nur, dass zwischen Mittel und Endziel, Gestalt, Abbildung und Wesen ein Unterschied sei. Eine Abbildung kann uns das Wesen oder Original darstellen und zu dessen Liebe reizen; die Mittel können uns zum Endziel hinführen, ohne welche wir vielleicht nie dazu gelangten; solcher zur rechten Zeit in gebührender Ordnung und Maße sich zu bedienen, ist gar nützlich und löblich, aber dabei stille stehen zu bleiben, als wenn es das Ende und das Wesen der Sache selbst wäre, das ist unbescheiden und schädlich.

11

Die spekulativische[7] oder Betrachtungserkenntnis ist ein Gegenstand unserer Vernunft (oder des wirksamen Verstandes) und es gibt verschiedene Arten dergleichen Erkenntnisse, nachdem der Stand ist, worin sich die Seele befindet; aber die wesentliche und Beschauungserkenntnis ist ein Gegenstand unseres reinen oder leidenden Verstandes. Die Betrachtungserkenntnis der Wahrheit ist eine

7 *Anmerkung des Herausgebers:* nachdenkende.

mehr oder weniger mühsame, nachsinnende, hin und her sehende Tat (*Actus reflexus*), Bemühung und Wirksamkeit unseres Verstandes oder Vernunft und hat niemals die wesentliche Wahrheit, sondern bloß ein Bild der Wahrheit, wie in einem Spiegel, vor Augen, aber die Beschauungserkenntnis der Wahrheit ist eine sehr leichte, gerade vor sich sehende, höchst einfältige Tat unseres Verständnisses, wo man's anders eine Tat (einen *Actum*) nennen mag, wenn unser Auge das Licht ansieht und genießt. Wer diese Beschauungserkenntnis hat, der hat eigentlich auch das Wesen der Wahrheit nach dem Maß seiner Erleuchtung und Gnade.

12

Diesem allen unerachtet merke man wohl hierauf, dass ich die Betrachtungserkenntnis keineswegs so gar und ohne Unterschied verwerfe. Auch zu dieser hat uns Gott ein Vermögen, nämlich unsere Einbildungskraft und Vernunft gegeben. Eine Seele, welche Gott und seine Wahrheit sucht, kann zu seiner Zeit vermittelst einer guten Betrachtung manchmal sehr in ihrem Wesen unterstützt und ihr geholfen werden. Erleuchtete Seelen würden auch die Wahrheit anderen nie bekannt machen können, wo sie nicht in etwa des wirksamen Verstandes sich bedienten und die Wahrheit auf eine mehr oder weniger bildliche Weise vortrügen. Wahr ist es, dass zur Zeit der läuternden Leidensstände oder Wege alle vorhin erlangte Betrachtungserkenntnis gleichsam wegzufallen und zu vergehen scheint: wo die Frucht hervorkommen soll, muss die Blüte abfallen; wenn das Wesen ins Herz kommen soll und die Wahrheit sich selbst darstellen will, da wird das Bild im Spiegel zugedeckt, damit sich das Gesicht davon ab-

und hineinwende. Allein auch dieses wird nachher nach Gottes Wohlgefallen manchmal wieder geschenkt und zwar viel reiner, schöner und lebhafter: Und nachdem dann wir selbst und unsere Seelenkräfte und deren Wirksamkeiten gereinigt sind, so vergönnt uns auch Gott wohl einmal eine solche heilige Erfrischung und Spaziergang; ja, er führt uns wohl einmal hinaus, seine Gemälde und Abbildungen zu besehen und dann wiederum hinein, ihn selbst, das Urbild und Wesen der Wahrheit, zu beschauen; und da wir dergestalt mit unserem Hirten aus- und eingehen, finden wir überall Weide und Nahrung. Man merke aber wohl:

1) Dass eine innige Seele nicht zu lange aneinander und nicht zu oft in dergleichen Wirksamkeiten sich aufhalten, sich nicht zu stark und gleichsam mit dem ganzen Menschen darauf legen, und sich mehr vom Herrn darauf führen lassen, als sich dessen nach eigener Willkür unterfangen müsse.

2) So darf sie auch nicht versäumen, bisweilen, ja öfters, dergleichen Wirksamkeiten und bildliches Nachsinnen gänzlich wiederum zu unterlassen, um ihren Grund innig bloß und passiv vor Gott und vor dem wesentlichen Licht seiner Wahrheit offen niederzulegen, sonst würde sie in Gefahr geraten können, die Wahrheit selbst unbemerkt zu verlieren, wenn sie nach deren Bild und Schatten sich umsehen und solche als etwas Wesentliches ergreifen wollte.

13

Zum vierten lehrt uns der anfangs erwähnte allgemeine Satz, dass alle Gottseligkeit, Tugenden und gute Werke, welche nicht aus der Glaubensvereinigung mit Gott in

Christus, als aus ihrer inneren Wurzel entspringen und also nicht aus einem durch Gnade veränderten Herzensgrunde hervorkommen, dasjenige nicht sind, was sie genannt werden; sondern nur ein selbstgemachter Schein, eine Larve, eine Gestalt, nicht aber das Wesentliche der Sache. Ja, wenn man's im Lichte Gottes besieht, ist alles (des natürlich verderbten Grundes wegen) mehr böse als gut, glänzende Sünden (*splendida peccata*), wie jener spricht.

14

Damit aber will ich nicht sagen, dass alles böse sei, was nicht vollkommen gut ist, und das man nicht eher anfangen müsse, die Tugenden zu üben, bis man solche ohne Fehler üben kann, oder bis man von der wirklichen allgemeinen Veränderung seines Herzens Gewissheit habe. Wenn eine gottsuchende Seele Gutes tut mit möglichster Aufrichtigkeit in der Absicht, Gott gehorsam zu sein und zu gefallen: dann geschieht solches keineswegs ohne Gnade, ist auch kein böser und bloß selbstgemachter Schein, gesetzt, dass sie auch zu einer so allgemeinen Herzensveränderung noch nicht gelangt wäre und demnach die Tugend nicht aufrichtig aus Christus hervorkäme. Die Seele tut dergestalt, was sie nach der Anforderung des Gesetzes tun muss und durch Miteinfließung der zuvorkommenden Gnade tun kann. Zwar ist nötig, dass sie ihr Tun, ihre Tugenden, ihre Treue nicht groß achte, da alles gewisslich noch sehr menschlich, gebrechlich und gleichsam nur eine Scheintugend ist, in Vergleichung der wesentlichen Tugenden, die Gottes Geist zu seiner Zeit in der Seele hervorbringt. Auch ist es nötig, dass sie von allem ihrem Tun absehe und sich mit demütigem Vertrauen in die Gnade versenke, mit innigem Seufzen und gläubigem Harren nach der Vereinigung mit Christus sich ausstrecke und dessen Geisteswirkung in ihr erwarte: aber unnötig und höchst schädlich ist es, dass sie bei allem, was sie sucht Gutes zu tun, mit immerwährender Kleinmütigkeit und Spekulieren sich ängstige. Sie tue Gutes, so gebrechlich als es auch ist, und erwarte, dass der Herr es läutere und vollkommen mache. Niemand ist gut denn der einige Gott.

15

Zum fünften, wenn wir durch unsere eigenen Anstrengungen, Arbeiten oder Wirksamkeiten das Böse, die Sünde oder Eigenheit in uns zu töten und auszurotten trachten: so wird durch diese unsere, obgleich gut gemeinte Bemühung das Böse nicht wirklich oder wesentlich getötet und ausgerottet, sondern nur dem Ansehen nach; es scheint bisweilen tot zu sein, ist aber noch nicht tot, es schläft und verbirgt sich nur, kommt aber hernach so viel gefährlicher und erschrecklicher ans Licht. Wenn das Böse wesentlich oder gründlich in uns getötet und ausgerottet werden soll, so muss Gott solches tun und wir müssen's leiden.

16

Dennoch geht jenes vorher. Wir sind schuldig, nach Erforderung unseres Standes und erlangten Gnade dem Bösen Widerstand zu tun, es zu unterdrücken, unseren ganzen Willen davon abzuwenden und inniglich zu hungern nach der völligen Erlösung durch Christus: Ach, dass die Hilfe aus Zion über Israel käme (Psalm 14,7), dass der Herr sein gefangenes Volk erlöste! Und dieses ist dann eine Selbstverleugnung, eine Kreuzigung, eine Abtötung, aber nicht der wahre Tod und das wirkliche Sterben des eigenen Lebens selbst, welches allein Gottes Werk und freie Gnade ist, eine Mitteilung des Todes Jesu Christi: dennoch stirbt keiner mit Christus, der nicht mit Christus gekreuzigt wird.

17

Ja, Herr, es muss allein dein Werk und freies Gnadengeschenk sein, was wahrhaftig Gutes, Tugend oder Heiligkeit genannt werden soll (*sine tuo numine nihil est in homine*). *Mein Herz, ohn' dich und deine Gnad, kein Leben, Kraft, noch Gutes hat.* Wie so leicht wird dieses gesagt, aber wie so viel kostet's, dass man's lerne, wenn man's anders rechtschaffen lernen und nicht den bloßen Schein solcher Erkenntnis haben will. Ich verlange durch deine Gnade das Sein und die Wahrheit dieser Sache zu erfahren. So lass denn all mein eigenes Werk und Tugend in mir untergehen und verschwinden, damit am Tage der Prüfung allein dein Werk mag bestehen und gepriesen werden. Nur lass deine Gnade nimmer von mir weichen, dass deine Hand nicht zu schwer werde über mir: denn ohne dich kann ich nichts, bin ich nichts und habe ich nichts als Sünden und Elend!

18

Zum sechsten, alle sogenannte Innigkeit (oder inwendige Andacht und Leben), welche nicht den Geist Christi und die wahre Verleugnung unserer selbst und aller Dinge zum Grunde hat, sondern die wir nur durch eigene Bemühungen und bloße Anstrengungen unserer Gedanken machen, ist nur eine eingebildete Innigkeit, ein leerer

Schein und Gestalt, nicht aber deren Wesen, ja die eigentliche falsche Leere.

19

Das ganze Geheimnis und das Wesen der wahren Innigkeit besteht in diesem Einen, dass man nämlich mit Gott und vor Gott lebe: solches aber kann keiner, der nicht sich selbst und allen Dingen abstirbt. Zwar ist dieses sehr gut, dass einer, der nach der Innigkeit strebt, seine Sinne zähme und betäube, seine Gedanken (vornehmlich seine Herzensgedanken) nicht vorsätzlich herumschweifen lasse auf unnötige Gegenstände, dass er auch dem Leibe nach sich von Zeit zu Zeit absondere zu einer heiligen Sammlung vor Gott und dass er übrigens in allen Stücken zurückgezogen zu leben sich angelegen sein lasse: bei dem allen aber muss er wissen, dass er dadurch allein nimmermehr ein inwendiger Mensch werden wird, es sei denn, dass er vornehmlich (durch des Geistes Anweisung und Kraft) sein Herz, Lust und Liebe aus allen Dingen heraus und zu Gott einkehre, wie auch seinen ganzen Willen in Gottes Hand gelassen überliefere und in allem nur Gott einfältig zu meinen oder zu beäugen trachte. So oft man sich nun übt, in diese Gemütsbeschaffenheit wirklich einzugehen, erwartend dabei die Wirkung Gottes, dass sie uns wesentlich da hinein führe, so übt man sich in der besonderen Sammlung: außerdem ist es unnötig und schädlich, wenn man sich selbst in eine gezwungene Andacht des Kopfs und Zusammenstrengung seiner Gedanken setzen will. Kopf und alles übrige wird zu seiner Zeit schon ohne Mühe folgen, wenn nur das Herz und die Liebe vorangeht.

20

Ich sage nicht, dass eine Seele nicht eher innig werden kann, als bis sie vorher wirklich sich verleugnet habe und ihr selbst und allen Dingen gestorben sei; vielmehr ist oben berührtes innige Hinwenden und Bleiben bei Gott das schönste, ja einzige Mittel, dergestalt wirklich abgeschieden und abgestorben zu werden: Dieses nur sage ich, dass sie mit ihrem innigsten und ganzen Willen sich aufrichtig abwenden müsse von allem, was Gott nicht ist, damit sie sich zu ihm einkehre in ihr Herz. Und wer solches tut, der hat keine Gefahr vor falscher Leere und er tut vieles, wenn er, ohne etwas zu tun, also bei Gott bleibt.

21

Zum siebenten folgt auch aus allererst gemeldetem Satz, dass, wenn wir in unseren inneren Übungen nicht in aller kindlichen Einfalt, Demut und Gelassenheit uns nackt und bloß vor Gott halten, so, wie wir sind, sondern in etwa uns anders stellen oder uns etwas machen, was wir nicht haben oder zu haben verlangen: wir uns dann verstellen, unser Tun alsdann ein gemachter Schein und keine Wahrheit, eine Gestalt und kein Wesen sei.

22

Dergestalt machen's nicht nur alle groben Heuchler, die als Gottes Volk mit ihren Lippen zu ihm nahen, deren Herz aber ferne von ihm ist, sondern es gibt auch subtile Doppelherzige, welche auch in ihren innigsten Übungen und Gebeten ihren Grund nicht ganz bloß vor Gott legen, sondern so noch in etwa mit einem Feigenblättchen ihre

Blöße bedeckt halten. Ach wie so vieles gehört dazu, ehe man sich ganz bloß vor Gott hinlegen will! Sogar können auch aufrichtige Seelen unwissend, doch aus Unachtsamkeit, bisweilen in ihrem Gebet etwas reden oder denken, welches sie doch wohl nicht also in sich finden oder erkennen, oder sie können sich öfters in einer anderen Falte oder Gestalt vor Gott stellen, als sie sind und als sie sich befinden: welches denn bisweilen aus einer sogenannten guten Meinung geschieht, da man es mit Gott macht wie mit einem Menschen, der, wenn er angesprochen wird, manchmal lieber hat, dass man sich solcher, als anderer Worte bedient, oder lieber sieht, dass man in diesem als in einem anderen Kleide vor ihm erscheint. So kommt man zum Beispiel zu einer Zeit unvermerkt in einem Kleide eigener Tugend oder Frömmigkeit, ein andermal will man sich gar klein und arm machen, abermals will man sich in eine große Traurigkeit und Herzenszerknirschung setzen usw. Wenn die Gnade uns darein setzte, dann wäre es gut, aber wir wollen's durch eigenes Gewirk machen und nicht von Gott erwarten: und solches ist ein gemachtes Ding, Schein und kein Sein.

23

Damit man aber dergleichen geheime Fehler und Eigenheiten in sich entdecke und meide, ist es dennoch nicht nötig, sondern vielmehr schädlich, wenn man sich immer auf eine ängstliche skrupulöse Weise untersuchen und auf alle und jede seine innerlichen Taten mit Überlegung zurücksehen wollte. Man geht diesem allen ohne Gefahr und Mühe vorbei, wenn man nur in seinen inwendigen Übungen durch sich selbst nicht gar zu wirksam ist und mehr Gott ansieht und an Gott denkt, als an sich selbst und an sein eigenes Tun; übrigens sich ganz einfältig, unschuldig und bloß vor Gott zu halten sucht, so, wie man ist, und so, wie er uns formt und stellt.

24

O Gott! ist's möglich, dass ein vernünftiges Geschöpf, ja, eine gläubige Seele sich verstelle vor deinen alles durchdringenden Augen! Wer sollte es glauben können, wo es nicht die traurige Erfahrung nur gar zu oft bewiese. Ach das jämmerliche Selbstwirken! wodurch aufrichtige Seelen sich selbst am meisten im Wege stehen, dass sie die Torheit dieses gemachten Wesens nicht merken können. Herr, erlöse sie alle und auch mich davon, nimm durch dein genaues Licht und Gericht alle solche Falten und Decken von unseren Herzen weg, binde uns die Hände und die Füße unserer gebrechlichen Eigenwirksamkeit und durchsuche uns sodann bis aufs Innerste mit dem zweischneidigen Schwert deines lebendigen Worts und lege alle unsere Eingeweide und den Grund unserer Seelen offen und bloß vor dem Licht deines Genesung bringenden Angesichts. Mache uns zu einfältigen stillen Kindern vor dir und setze du selbst uns jederzeit in solche Form und Gestalt, wie du uns am liebsten siehest, bis wir von einer Klarheit zur anderen in das ursprüngliche Bild deiner Gleichförmigkeit vergestaltet werden durch deinen Geist! Amen.

25

Zum achten, wenn wir in anderen etwas Gutes sehen, oder auch wenn wir etwas lesen, hören oder sonst Licht und Einsicht empfangen von einiger guten Beschaffenheit oder

Stand des inwendigen Lebens, und uns ohne Gottes und seiner Gnade Leitung stark darin verbilden und gleichsam darein setzen, bevor uns Gott darein setzt: So haben wir von dem Guten oder von dem Stande nicht die Wahrheit oder das Wesen, sondern nur die Gestalt.

26

Alles, was man mit großer Begierde und starker Andacht sieht, liest, hört oder betrachtet, dessen Bild oder Gestalt drückt sich in unser Gemüte ein, nicht aber dessen Wesen (es sei denn, dass der Glaube als die innig-hungernde Geistesbegierde zugleich das Wesen mit fasst). Daher geschieht es, dass einer, der viel und gern mit Frommen umgeht, öfters unwissend viele ihrer Redensarten, Gewohnheiten, Aufführung und Meinungen annimmt; welches wohl nicht allemal böse ist, es ist aber doch nur eine Gestalt, ein angenommenes, nachgemachtes Ding, wo er nicht zugleich das Wesen dieses Guten in ihm selbst besitzt.

27

Auf eben diese Art kann man bisweilen etwas lesen von anderen oder von weit erhabeneren Wegen des inneren Lebens, als derjenige ist, worin wir wandeln, oder von solchen, worin uns Gott bis dahin noch nicht geführt hat, und kann sich davon nach seinem Begriff eine Vorstellung oder Bild machen: Falls man nun solches öfters mit starker Andacht täte, so würde man das Gelesene so tief und gleichsam lebhaft in sich eingedrückt und abgebildet finden, dass man sich leicht einbilden könnte, als hätte man das Wesen dieser Stände im Besitz, da man doch nur derselben Bild hat. Dergestalt würde sich zum Exempel ein ungestorbener Mensch oder kaum anfangende Seele schädlich verbilden können, wenn sie viel vom leidenden Gebet oder hohen Ständen lesen wollte; und eine Seele, die Gott würdigt, ihr diese edle Gabe des Gebets (es sei zum Vorschmack oder auf eine mehr bleibende Art) zu schenken und sie mit Maria zu seinen Füßen niederzusetzen, die würde sich hingegen viele vergebliche oder schädliche Not machen, wenn sie mit starker Andacht viel von wirksamen Übungen lesen wollte. Desgleichen würde einer, der sich in einer empfindlichen süßen Andacht befindet, sich in den Stand der Beschauung verbilden können, und eine beschauende Seele sollte sich verwirren und beunruhigen können, wenn sie von hohen Proben, schweren Leiden und Läuterungswegen viel zu hören und zu lesen bekäme.

28

Deswegen ist es nicht dienlich, dass eine Seele, welche in dem Stand und Wesen, worin Gott sie insbesondere leiten will, nicht schon ziemlich befestigt ist, so viele und allerhand Bücher liest und mit allerhand Menschen Umgang hat, wenn solche gleich noch so gut und schön an sich selbst sein möchten: vielmehr muss sie sich hauptsächlich nur an solche Bücher und zu solchen guten Menschen halten, wodurch ihr Kraft, Salbung und Gnade zur Andacht und Sammlung mitgeteilt wird, welche einigermaßen mit ihrem besonderen Ruf und Führung übereinkommen, welche gleichsam ohne Zwang und mit einem geheimen Vergnügen ins Gemüt eingehen und eben hierdurch genugsam zu erkennen geben, dass sie (wenigstens zu solcher Zeit) eigentlich für sie sind. Zwar muss die

Seele alle Kinder Gottes lieben und mag mit ihnen umgehen, auch ist ihr nicht verboten, andere Bücher, die von den inwendigen Wegen handeln, zu lesen: es ist aber gut, wenn solches mäßig und nicht mit allzu starker Andacht geschieht, damit das Gemüt nicht beunruhigt, verbildet und unbeständig werde. Wer auf unbekanntem Wege durch eine Wüste wandelt, muss nicht immer zur Seite hinaussehen und alle Nebenwege untersuchen wollen, wo er nicht in die Irre geraten will.

29

Zum neunten, wenn wir von Gott in unserem Gemüt diesen oder jenen Eindruck, Stärkung, Süßigkeit, Salbung, Frieden oder einige andere Gnade und göttliche Mitteilung empfangen, und wollen solches durch unsere eigene Wirksamkeit (oder gar aus Selbstliebe) festhalten oder vermehren; oder aber, wenn wir dergleichen etwas, da wir's nicht haben, durch eigene Bemühung in uns erwecken und ergreifen wollen: so ist solches ein Selbstmachen, das uns nur im Wege steht. Und wenn es uns gleich nach unserer Meinung darin gelingen möchte, so ist doch alles, was dadurch zuwege gebracht wird, nur etwas Menschliches und nicht göttlich; ein Bild, ein Schein und kein Wesen.

30

Lehre mich, o Herr, in aller Gelassenheit und kindlicher Abhängigkeit von dir leben, dass ich mit demütigem Dank empfange das, was du gibst; aber nicht ergreifen, nicht verlangen, nicht behalten wolle, was du nicht gibst oder mich behalten lässest. O wenn ich in deiner göttlichen

Hand sein möchte wie ein weiches Wachs, das sich beugen lässt in alle nur beliebige Formen und keine andere als nur diejenige Gestalt annimmt, die sein Meister in selbiges eindrückt! Ich will so sein, wie du mich machst, und nicht anders, und ich will wohl entbehren, was du entweder nicht gibst oder was du, nachdem du es gegeben hast, wieder wegnimmst: um nur zu ruhen in dir selbst und in deinem heiligen Wohlgefallen.

31

Zum zehnten, alles was im Geist, im Grund der Seele vorgeht, was daselbst getan, gelitten, erfahren, genossen wird, das ist eigentlich nur wesentlich, weil es mehr unmittelbar aus Gott kommt und in dem edelsten wesentlichen Teil des Menschen vorgeht; alles übrige aber (was in den Seelenkräften, inneren oder äußeren Sinnen usw. vorgeht), wie gut, nützlich und notwendig es auch in seiner Art und zu seiner Zeit sein mag, ist dennoch im Vergleich mit jenen nur eine Gestalt und nicht das Wesen.

32

Wie so gut und nützlich, ja, wie so notwendig sind nicht manchmal die empfindlichen, sinnlichen Süßigkeiten, Erquickungen, Freudigkeiten im Guten und Göttlichen und dergleichen andere Gnadengaben, uns loszureißen von den falschen Ergötzlichkeiten der Sünde und der vergänglichen Lust dieser Welt: Aber wie so hinderlich und schädlich wird uns nicht eben dieses Gute und Nützliche, wenn wir uns selbst darin gefallen und nicht wahrlich alles zu Gott wieder überbringen, wenn wir dabei wollen stehenbleiben und an diesem lustigen Ort Hütten bauen;

wenn wir's nicht nur für Gaben Gottes, sondern für Gott selbst, und unsere sinnliche liebliche Umfassung dieser Ausflüsse göttlicher Gütigkeit für die wirkliche oder wesentliche Vereinigung mit ihm halten. Ist denn dieses nicht auch die Gestalt für das Wesen oder wenigstens die Blüte für die Frucht nehmen, Lea für Rahel umfassen und sieben Jahre zu früh rechnen? Das Sinnliche hat wohl einige Ähnlichkeit mit dem, was wahrhaftig ist, aber es ist darum nicht eins und eben dasselbe.

33

Schließlich und zum elften können wir noch über diese Materie sagen, dass alle unsere innere Taten des Gebets und Gottesdienstes, der Sammlung, Versenkung, Erhebung, Aufopferung, Anbetung, Liebe usw., insoweit wir solche aus und durch uns selbst hervorbringen, kurz alles, was nicht Gott und Gottes Werk in uns ist (in gesundem Verstande genommen), etwas Gemachtes und nur eine Gestalt und nicht das Wesen des Gottesdienstes sei.

34

Wenn eine Seele durch manche Proben und Wege der Demütigung ziemlichermaßen geläutert ist und demnach in ihrem Grunde die wesentlichen reinen Wirkungen Gottes zu erfahren gewürdigt wird, alsdann kommt ihr alles, was sie vorhin getan oder erfahren haben mag, sogar ihre innigsten und einfältigsten Wirksamkeiten im Umgang mit Gott (unerachtet die Gnade auch darin mitgewirkt hat) als sinnlich, grob, schwach, als etwas Gemachtes und noch nicht Wesentliches vor; ja, als etwas Menschliches, Vermischtes und Unwertes. Dennoch ist wirklich das Vorige durchaus nicht als etwas Böses zu verwerfen oder nur geringzuschätzen; vielweniger muss man solches in Ansehung anderer gottsuchenden Seelen tun, welche vielleicht dergleichen reine Wirkungen Gottes nicht in sich erfahren haben möchten. Denn die Seele, welche dergleichen erfährt, sieht die Dinge an, nicht wie gut solche in ihrer Art und zu ihrer Zeit sind, sondern wie solche sind im Vergleich mit der Erhabenheit und Reinheit der wesentlichen Wirkungen Gottes, so sie jetzt erfährt, wogegen (wie gesagt) ihr alles ganz gering und als nicht wesentlich vorkommt. Dieses Urteil ist auch gut und richtig für sie, aber nicht allemal gut und nützlich für andere.

35

Wir können's nicht glauben, wie so schwach, wie so schlecht, wie so gebrechlich all unser eigenes Tun ist, sogar das allerinnigste und geistlichste, insofern es aus uns selbst hervorkommt. Daher ist einer innigen Seele gar sehr anzuraten, dass sie in ihrem Umgang mit Gott allmählich von ihrem groben eigenen Tun, dem Herrn einen Sabbat zu halten, lerne ablassen, und ihn durch seinen Geist in sich wirken zu lassen; und dass, wenn sie beim Fortgang und bei Erfahrung der reinen Wirkungen Gottes einen geheimen Missfallen und Abneigung selber zu wirken, hingegen eine friedsame Neigung zum inneren Aushalten verspürt, sie sich ohne Sorge einiger Gefahr solcher Führung der Weisheit überlassen möge.

36

Damit aber kein ungestorbener Mensch hieraus zu einer falschen Leere Anlass nehme, so kann man einesteils nur zurücksehen auf das, was droben (§ 18–20) hiervon gesagt worden, anderenteils nur diese allgemeine Regel (außerordentliche Leidenswege ausgenommen) beobachten: Man muss nämlich Gott stille halten, sobald er wirkt und wenn wir seine Wirkungen nicht gewahr werden, müssen wir auch solche (wie oben gesagt) durch ein heiliges Feiern und Pausieren vor seinem Angesicht erwarten. Dennoch ist es zu solcher Zeit nicht dienlich, ganz und gar stille zu sein und nimmer etwas zu wirken. Man mag, ja man muss wirken zu solcher Zeit, wenn die Gnade Freiheit dazu lässt, aber nach Erforderung des Standes ganz einfältig, innig, mit dem Herzen und Liebeszuneigungen, sanft, gelassen, als vor Gott und bereit, auf den geringsten Wink oder Erfahrung seiner Wirkungen stille zu stehen und ihm Raum zu lassen.

37

Herr Gott, notwendiges und unendliches Wesen, höchstes Wesen, ja, Alleinwesen und mehr als Wesen! Du kannst nur mit Nachdruck sagen: Ich bin; und dieses „Ich bin“ ist so uneingeschränkt und unzweifelbar wahrhaftig, dass kein Eidschwur zu finden ist, der die Wahrheit mehr außer allen Zweifel setzt, als wenn dieses Wort aus deinem Munde geht: Ich bin, ich lebe.

38

Ja, Amen, du bist. Mein Geist beugt sich und das Allerinnigste in mir stattet dir dieses Bekenntnis ab, dass du seiest. Wie so glückselig schätze ich mich, dass du bist und dass du nicht kannst nicht sein! Wie so glückselig bin ich, dass ich weiß, dass „Gott ist!" und dass ich dieses Bekenntnis abstatten kann, dass „Gott ist!" Hört es, ihr Kreaturen alle: „Gott ist!" Ich gönne dir's, mein Gott, dass du bist; es gefällt mir so wohl, dass du bist. O wie so schön und wie so gut ist es, dass du bist und dass du bist derjenige, der du bist! Ich wollte lieber, dass ich nicht wäre und dass alles nicht wäre, als dass du nicht sein solltest.

39

Doch was bin ich? und was ist alles? Bin ich wirklich und ist alles wirklich? Was ist dieses Ich? was ist dieses Alles? Wir sind nur, weil du bist und weil du willst, dass wir sein sollen; arme Wesenlein, welche im Vergleich mit dir und vor deinem Wesen eine Gestalt, ein Schatten und nicht ein Wesen genannt werden müssten. Mein Wesen und aller Dinge Wesen verschwindet gleichsam vor deinem Wesen, viel eher und mehr als ein Kerzlein im hellen Glanz der Sonne, welches man nicht sieht, und dermaßen von einem größeren Lichtwesen überwunden wird, dass es gleichsam nicht mehr ist. Ach wenn du auch mich also überwinden, also vernichten möchtest und das Gesicht von dir das Gesicht von mir, deine Hoheit meine Geringheit, dein übergroßes Licht mein kleines Licht, ja, meine Finsternis, dein reinstes Wirken mein so gebrechliches Wirken, dein Alles mein Nichts also übermeistern und gleichsam auslöschen möchte!

40

Ich bin nur eine Gestalt, ein armseliger Schatten, wenn du nicht in mir bist und ich in dir bin, wenn du nicht der Grund und das Wesen meines Wesens bist. Alles, was ich weiß, und alles, was ich beschaue, ist nur ein selbstgemachtes totes Unding oder doch nur ein ungewisses Bild, eine nicht vergnügende, vorübergehende Gestalt und Schatten, wo du nicht selbst mich erleuchtest und du nicht selbst dich mir zu beschauen gibst, o du allein wesentliche Wahrheit! Alles, was ich suche, was ich liebe, alles, was ich besitze, ist nur ein Schatten und Schein, nicht aber ein Wesen, wo ich nicht dich selbst suche und dich selbst liebe und dich selbst besitze, o du allein wesentliches Gut, Freude, Wohlleben und Herrlichkeit meiner Seele! Alles mein Tun, ja alle Bewegungen und Auswirkungen meiner inneren und äußeren Kräfte sind ein Schein und kein Sein, wo du nicht selbst der Grundanfang und der Beweger davon bist, o du ursprüngliches, allein wesentliches, gutes und unendlich fruchtbares Leben!

41

Doch, was sage ich, ohne dich bin ich nicht nur ein bloßer Schein und Gestalt, sondern auch ein jämmerliches und erschreckliches Ungeheuer: und da ich durch mich selbst wirke, ist alles mein Tun (wie gut und heilig es auch scheinen möchte) hässlich, ja sündlich vor deinem Angesicht, nicht nur darum, weil es aus mir selbst hervorkommt, der ich ganz sündlich und verdorben bin, sondern auch darum, weil ich mich selbst unterm schönsten Vorwand und Schein in allem meine, mir gefalle und mich erhebe und dergestalt mir selbst die Ehre zueigne, welche dir allein mit höchstem Recht zukommt. O das erschreckliche Selbst! Ich entsetze mich recht vor mir selbst, wenn ich mich selbst ansehe vor dem bloßen Angesicht deiner Reinheit. Ich bin durchdrungen mit Eigenheit, ich bin ganz Eigenheit, alle meine äußeren und inneren Bewegungen sind Eigenheit, alle meine (als meine) Tugenden sind Eigenheit, und unrein vor dir.

42

O wenn ich nicht mehr sein möchte und ich in mir selbst weder Leben noch Verstand, noch Willen, noch Gedanken, noch einige Bewegungen mehr haben möchte und du, mein Gott, mein Jesus, alles in mir sein und wirken möchtest! Lass, o Herr, auf ewig in mir schweigen und stille stehen, was du nicht selbst in mir redest und wirkest, verurteile und zernichte mir alles, was du nicht selbst bist und was nicht das Deine ist. Nimm du die Stelle ganz ein, da ich jetzt bin, und tue in mir und durch mich, was vor dir gefällig ist. Lass das Ich nicht mehr sein und sei du nur allein alles in allem und führe mich dergestalt ganz aus mir selbst und aus alle dem Meinen heraus in dich, o mein Gott, mein Ursprung und mein Ende! Sodann bin ich nicht mehr im Nichtwesen und Schein, sondern im Wesen und erlöst von allem Übel zur ewigen Verherrlichung deines Namens. Amen.

4. Die wahre Klugheit oder Umgang mit Gott und sich selbst allein

Denke, Gott und du seien allein in der Welt, so wirst du große Ruhe in deinem Herzen haben.
Thomas a Kempis

I.

1

Niemand ist uns von Natur weniger bekannt als Gott und wir selbst. Wir bekümmern und halten uns auf mit anderen, mit fremden und unnötigen Dingen, Gott aber und unsere eigene Seele vergessen wir.

So gar unvernünftig ist der Mensch durch den traurigen Sündenfall geworden, dass er, wie mit seiner Liebe, also auch mit seiner Andacht und Beschäftigung ganz von Gott ab, und zu den eiteln und geringen Dingen außer sich hingewandt ist. Ja, diese Torheit und Zerrüttung seiner Sinne geht so weit, dass er wegen der heftigen und stetigen Beschäftigung mit den nichtigen Dingen außer ihm, die doch zu seiner Besserung und wahren Glückseligkeit nichts beitragen, ja ihm zumal daran hinderlich und schädlich sind, nicht allein Gott, sondern auch sich selbst, das ist seine Seele und derselben Wohlsein, ganz vergisst und versäumt, zu seinem zeitlichen und ewigen Unglück.

2

Muss man nicht mit Verwunderung sehen, dass vernünftige Kreaturen ihre edlen Gemütskräfte so jämmerlich vertiefen und verwickeln in die sichtbaren Dinge dieser Welt; und dass, ob sie wohl überhaupt wissen und gestehen, dass es vergängliche Dinge sind, die man schließlich gewiss werde verlassen müssen, sie dennoch durch die Begierde, Lust, Sorge und Überlegungen solcher Eitelkeiten sich also einnehmen lassen, dass sie wie toll und trunken dahintaumeln und sich dünken lassen, als hätten sie etwas Großes ausgerichtet, wenn es ihnen in der Welt nach ihrem Sinn wohl vonstattengeht.

3

Ein jeder Tor hat seine eigene Puppe und törichte Phantasie. Der eine hat's mit Ehre und Ansehen zu tun, der andere mit Geld und Gütern, ein dritter mit Vergnügungen und fleischlichem Wohlleben. Man denkt und redet von Kaufen und Verkaufen, von Haus und Hof, von Hausrat und Kleidern, von Essen und Trinken und von allerhand, was hier und da passiert; und zwar nicht nur bloß nach der Notwendigkeit und wie im Vorbeigehen (wie es billig geschehen sollte), sondern mit ganzer Zuwendung, eben als wenn es recht große und wichtige Dinge wären.

4

Man hat vom Morgen bis in die Nacht Herz, Haupt, Mund und Hände voll von äußeren Dingen, nur an Gott und an seiner Seele Zustand denkt man nicht, wenigstens nicht, wie es sein sollte. Man legt mit alle seinem Tun genugsam an den Tag, dass man dergleichen Betrachtungen nicht so wichtig und notwendig achte als andere Dinge, weil man sich weder Zeit noch Raum dazu übrig lässt. Ja bisweilen machen die Menschen sich mit Vorbedacht etwas Nichtsnützziges oder Eiteles zu tun oder sie suchen lustige Gespräche und Gesellschaften. Und diese und dergleichen Dinge nennt man einen Zeitvertreib. Denn weil die armen Kreaturen das große und allein wichtige Werk und Geschäft nicht kennen, wozu uns dieses kurze Leben gegeben ist, so ist ihnen auch verborgen, wie uns alle Augenblicke desselben dazu so höchst vonnöten sind. Es heißt, man will sich etwas zerstreuen; da doch leider das Gemüt schon so jämmerlich zerstreut und abgewandt steht, dass es viel eher hochnötig wäre, sich stille hinzusetzen, um einmal alle seine Andacht und Hinneigung von allem Äußeren zu sammeln und auf die Betrachtung seiner selbst zu wenden.

5

Daher geschieht es denn auch, dass, obgleich die Gnade Gottes sich inwendig mit ihren Züchtigungen auch anmelden mag, doch die beständige Konfusion und Zerstreuung des Gemüts ins Äußere es nie recht nüchtern werden und zu sich selbst kommen lässt, um einmal mit Bedachtsamkeit und ernstlicher Aufrichtigkeit seiner Seelen Zustand vor Gottes Angesicht zu prüfen und sich um dasjenige zu bekümmern, was allein in Not und Tod helfen kann. Ach, wie mag solchen armen Geistern wohl zu Mut sein, wenn sie einstens vor allen ihren lieben Dingen auf ewig die Augen werden zuschließen müssen; wenn sie durch die harte Todesstimme aufgeweckt, sich einmal werden besinnen, die Augen auftun und zu spät erfahren, dass die

Welt mit aller ihrer Lust wie ein Schatten verschwunden ist und sie von allen ihren groß geachteten Dingen und süßen Träumen nichts mehr haben als ängstliche und leere Schattenbilder! Und in solcher betrübten Unsinnigkeit und Blindheit lebt fast die ganze Welt, Große und Kleine, Reiche und Arme, Gelehrte und Ungelehrte.

6

Auch, sage ich, die Gelehrten dieser Welt[8], selbst diejenigen unter ihnen, welche sich auf die Betrachtung geistlicher und göttlicher Dinge vor anderen legen wollen, führen sich mehrenteils nicht klüger auf und bleiben ebenso fremd und blind an Gott und sich selbst ebenso unbekannt als die übrigen, obwohl all ihr Tun auf Gott und auf der Seelen Heil seine Absicht haben soll. Wie eitel und unnütz, ja schädlich sind nicht ihre mehrsten Beschäftigungen! Man betrachte nur den unnötigen Umschweif und erstaunende Zurüstung, die sie machen, ehe sie zur Sache selbst kommen. Es kommt mir eben so vor (ja noch unvernünftiger), als wenn einer, der nach Rom reisen wollte, sich einbildete, er müsste vorher alle Reisebeschreibungen, nicht allein nach Rom, sondern

---

8 Hier wird geredet von Gelehrten dieser Welt, welche durch die dürren Spekulationen und eitlen Wirksamkeiten ihrer verderbten Vernunft ohne Erleuchtung von oben die Erkenntnis Gottes und seiner Wahrheit zu erlangen vermeinen; die ihre Zeit verderben durch Lernung und Erforschung so vieler nichtigen Subtilitäten, unnötigen Meinungen, äußeren Umständen und mancherlei Nebenwissenschaften, welche doch zur Sache nichts dienen. Sonst hält man die wahre Gelehrtheit und gottselige Gelehrten, die sanftmütig und von Herzen demütig sind, in hohem Wert.

durch alle vier[9] Teile der Welt durchlesen und von dem allen ein ordentliches Konzept ins Gedächtnis fassen, dabei aber sich nimmer auf die Reise begäbe und sich inzwischen doch einbildete, er wäre sehr weit in seiner Reise gefördert, ob er wohl nach wie vor stille in seinem Hause sitzen bliebe.

7

Man bringt oft noch wohl viel Gutes in den Kopf, aber nicht ins Herz und in die Ausübung. Es ist eben, als wenn es sie selbst nicht anginge und sie es nur wissen und davon reden müssten. Und dergestalt kommt man bei alle dem Arbeiten, Forschen, Disputieren und Betrachten von geistlichen Dingen nicht zu sich selbst und viel weniger zu Gott, sondern man läuft immer auswärts um sich und um die Sache selbst von außen herum, es wird also im Gegenteil der Sinn durch die vielfältige und heftige Wirksamkeit der Vernunft und stetige Zerstreuungen des Gemüts immer mehr nach außen gewandt, zersplittert und in Eigendünkel gebracht: wodurch man dann auch immer ungeschickter wird, auf sein eigenes Herz und auf Gott und dessen innere Gnadenwirkungen achtzugeben. Sie machen einen großen Lärm und zanken um die Schale, da indessen Einfältige mit dem Kern stille dahin gehen. Nichtsdestoweniger meinen solche Leute, sie führten sich vor anderen recht klüglich auf und hätten ihre Zeit und Kräfte auf solche Art wohl angewandt. Aber ach! wenn man in der Stille und vor Gottes Angesicht diese ihre

9 *Anmerkung des Herausgebers:* Zu Tersteegens Lebzeiten war Australien in Europa noch nicht bekannt.

wichtigsten und ernstlichen Studien und Beschäftigungen ansieht, was ist es doch anderes als Eitelkeit der Eitelkeiten und eine Verzehrung des Geistes, indem es zur wahren Heiligung und Gemeinschaft mit Gott nichts helfen kann.

8

Es lacht der Höchste zu alle dem künstlichen Bilderwerk der Klugen dieser Welt, und sie selbst werden dereinst, wenn der Tod und das Gericht sie wird heißen zu sich selbst kommen, mit Reue und Scham ihre große Torheit beklagen, dass sie die kostbare Zeit ihres kurzen Lebens mit so vielen unnötigen und oft kindischen Dingen zugebracht und ihre edlen Gemütskräfte damit geplagt und verderbt haben, welche uns doch von Gott für höhere Dinge gegeben sind. Wollte Gott, dass sie nun noch weise würden und mit Reue wieder zu vergessen suchten, was sie mit so viel Zeitverlust gelernt haben, um nichts zu wissen, als Christus den Gekreuzigten.

9

Doch, damit wir ein wenig näher kommen: Wie sind nicht auch mehrenteils gerufene Seelen selbst Gott und ihrem eigenen Herzen so fremd und ferne! Wie schlecht halten wir Wacht über unser Herz! Wie wenig bleiben wir daheim, um mit Gott und mit uns selbst zu konversieren und mit Zurücklassung alles anderen davon unser einziges und stetiges Hauptwerk zu machen! O schade! dass wir uns durch des Feindes List so vielfältig und leicht von diesem unseren Hauptwerk auf andere Umstände und Nebendinge, von Gott und von unserem Inwendigen ins Äußere und auf andere, locken und zerstreuen lassen.

10

Wie lassen wir oft Sinne und Gedanken herumschweifen auf unnötige, ich will nicht sagen eitle und böse Dinge! Wie vertiefen und verwickeln wir oft unseren Sinn in die äußeren Dinge dieses Lebens! Wie vorwitzig sind wir, zu hören und zu reden von dem, was hier und da geschieht, was dieser oder jener tut und spricht, welches uns doch mehrenteils nichts angeht oder Nutzen bringen kann. Wie betrüblich ist nicht die schädliche Gewohnheit, dass gutmeinende Gemüter bei ihrem Zusammenkommen so leicht und viel von anderen reden und richten!

11

Und was kann aus diesem allem anderes entspringen als Unruhe, Verdunkelung und Erkaltung des Herzens, Zerstreuung, Unehrerbietung und Entfremdung von Gott und seinem Inwendigen? Ach! ich fürchte, dass mancher Gott und sich selber so unbekannt ist, dass er wegen solcher Leichtsinnigkeit besser weiß, was hundert andere machen, als was in seinem eigenen Herzen vorgeht und von Gott darin gewirkt wird.

12

O wie so ungern wollen wir zu uns selber kommen! Hat mancher ein Lichtlein von Gott bekommen, dass er das allgemeine Verderben in sich und in anderen ein wenig erblickt, oder dass er sonst eine Einsicht oder Eindruck von dieser oder jener Wahrheit hat, flugs ist die listige Schlange da und führt den Sinn von sich selber ab auswärts auf andere: dass man alsdann das Licht und die

Gnade, so nur zur Erkenntnis und Besserung seiner selbst gegeben war, anwendet, auf andere zu sehen und sich selbst zu vergessen, andere zu beurteilen, wider andere zu eifern, andere bessern und bekehren zu wollen, da man indessen inwendig in seinem eigenen Elend und Verderben liegen bleibt – und solches meist unwissentlich. Denn weil man so scharf und genau alles in anderen sehen und richten kann, so scheinet's, als hätte man selber so große Gefahr nicht: dabei hat man auch manchen scheinbaren Vorwand, man müsse sein Licht leuchten lassen und sein Pfund anlegen, man eifere für die Ehre Gottes und wäre verpflichtet, die Sünde zu bestrafen, merkt aber nicht des Feindes Absicht dabei, wie er nur das Gemüt herauszulocken und in Unruhe und Zerstreuung einzuflechten sucht.

13

Wiederum andere, die es recht gut machen wollen, nehmen allerhand äußerliche Mittel und leibliche Übungen zur Hand: sie beten, sie hören, sie lesen, sie betrachten, sie wohnen guten Gesellschaften bei und dergleichen, welches alles gut und nützlich wäre, wenn nur solche Übungen auf die gehörige Weise und zum rechten Endzweck gebraucht würden. Allein da fällt mancher so stark auf solche Mittel, dass er des Endes darüber vergisst und solches gar versäumt. Und da Gott solche guten Einrichtungen deswegen gegeben und angeordnet, dass wir dadurch von der Zerstreuung unseres Sinnes im Äußeren zu uns selbst, zu unserem Inwendigen und zu seinem wahren Dienst im Geist und in der Wahrheit gebracht werden sollten: so werden sie manchem recht zu einem Aufenthalt, indem er an solchen Hilfen hängen bleibt, so dass seine Sinne dadurch in immerwährender Zerstreuung gehalten und die Gnadenkräfte erschöpft werden. Und wie wäre es doch möglich, dass die Gemüter, deren Sinne und Vernunft in einem fast kontinuierlichen Treiben und Wirken sind, zur gründlichen Erkenntnis ihrer selbst und zur Gemeinschaft mit Gott sollten gelangen können, da sie im Gebet selbst nicht einmal zur rechten Stille und Sammlung des Herzens zu gelangen trachten, sondern nur immerdar so viel zu wirken und Gott zu sagen und zu klagen haben, dass dem Herrn (so zu reden) weder Zeit noch Raum übrig bleibt, ihnen wiederum ein Wörtlein zuzusprechen. Psalm 85,9.

14

Noch ein anderer Griff des Tausendkünstlers, um gute Gemüter in dem einzig Nötigen zu hindern und aufzuhalten, ist, wenn er sie in eine übermäßige Wirksamkeit, Forschen und Spekulieren der vorwitzigen Vernunft führt, da man dann oft auf allerhand unnötige Streitfragen in der Theorie, auf äußere Umstände und Nebendinge oder auf Subtilitäten der Vernunft, auf diese oder jene Meinungen gerät. Man will oft ohne göttlichen Ruf und Erleuchtung die tiefsten Geheimnisse mit seiner Vernunft ergründen und verstehen; und mag wohl mancher Wunder denken von seinem Licht und Fortgang, wenn er etwas Neues erfunden oder angenommen, wodurch doch seine Seele nicht gebessert und wornach er an jenem Tage nicht gefragt werden wird. Und auf dergleichen Dinge legt sich mancher mit aller Anspannung und Aufmerksamkeit und verschwendet so unvermerkt seine Kraft und kostbare Gnadenzeit. Denn weil es alles aufs Geistliche zu zielen scheint, so merkt man den Schaden nicht: wozu noch kommt, dass auch die Vernunft ihre Lust und Leben in dergleichen Beschäftigungen findet und dieses der Natur weit leichter fällt, als in Kreuz und Verleugnung aller Dinge dem Heiland Jesus nachzufolgen.

15

Und dergestalt wird dieser auf eine grobere und jener auf eine mehr scheinbare Weise in der Zerstreuung, Mannigfaltigkeit und Konfusion gehalten, ob man es schon oft von sich selbst nicht denkt und man auch bei anderen wohl für gar fromm durchgehen mag. Der Allerhöchste weiß es, wie rar diejenigen Seelen sind, die recht nüchtern werden und zu sich selbst kommen, die ihr Herz und Andacht von alle dem, was außer ihnen ist und geschieht, abzuwenden trachten, um nur mit Gott im Geist zu wandeln und vertraut zu werden. Daher es denn auch kommt, dass die meisten erweckten Seelen entweder in einer kaltsinnigen Sicherheit oder in einem scheinbaren Eifer und äußerer Frömmigkeit oder aber in immerwährendem Klagen und Jammern, ohne wahren Fortgang in der Heiligung, dahinleben und anstatt der vergnügten Freiheit und des tiefen Friedens in der Gemeinschaft mit Gott inwendig mit vielen Banden beschwert bleiben. Ja, es ist kein Wunder, dass manche auf ihrem Kranken- und Sterbebett Gott und die Ewigkeit so fremd, dunkel und schreckhaft vor sich sehen, da der Sinn so sehr nach außen gewandt steht und sie sich so wenig angewöhnt haben, mit Gott und mit der Ewigkeit recht bekannt zu werden. O der jämmerlichen Blindheit und Verwirrung der Kinder Adams!

16

Glückselig aber und recht weise sind diejenigen, die sich von ganzem Herzen nur in dem einzig Nötigen üben und, ohne viel Umschweife zu machen oder sich mit anderem aufzuhalten, hier so zu leben trachten, als wenn sie mit Gott allein in der Welt wären. Dieses ist der kürzeste und leichteste Weg, zu einer gründlichen, ungefärbten und beständigen Heiligkeit und Ruhe des Gemüts zu gelangen. Deshalb, damit ich eben, indem ich dieses schreibe und die klägliche Versäumung dieser schönen Übung an anderen erkenne, mich nicht selbst vergesse und eben so töricht zu Werke gehe, so wende ich mich zu meiner eigenen Seele und will mir selbst noch einige Erinnerungen geben, wie ich mit dem Herrn künftighin durch seinen Beistand zu wandeln verlange. Indessen würde es mir lieb sein, wenn auch ein jeder Leser sie also ansähe und gebrauchte, als wenn sie ihn für seine Person allein angingen, wobei es uns allen gewisslich wohl gehen würde.

II.

17

Wohlan denn, o meine Seele (und du, der du dieses liesest), sage auf ewig gute Nacht allen Eitelkeiten dieser Welt, die über ein Kleines wie ein Traum verschwinden.

Alles, was dir die Welt anbieten kann, ist nicht wert eines einzigen Anblicks deiner Augen.

Was hat jener reiche Mann nun von aller seiner Pracht und Lust? Und was würde es sein, wenn du dreißig oder vierzig Jahre der Welt Freude oder Herrlichkeit genossen hättest?

Eitelkeit der Eitelkeiten! Was dir gebricht, suchst du vergeblich außer dir; inwendig, in deinem Herzen da ist dein wahres Gut, deine Herrlichkeit und Seligkeit zu finden.

18

Verschließ dein Herz und Sinne alle dem, das außer dir ist und geschieht; es sind alles fremde Dinge, die dich nicht angehen.

Nimm dich aller äußeren Dinge nicht sonderlich an. Was dir auf deiner Reise zur Ewigkeit nicht beförderlich sein kann, lass dir auch ja nicht hinderlich sein.

Gehe durch alles unberührt hindurch, als ein rechtschaffener Pilger und Fremdling, dessen Herz, Gedanken und ganzer Wandel im Himmel ist.

Trachte inwendig wie ein unschuldiges Kindlein zu werden, das alles gut sein und alle Welt machen und reden lässt, auch von ihm und in seiner Gegenwart, was sie will, ohne darauf zu merken oder sich's anfechten zu lassen.

19

Lass dich durch die Zucht des Geistes recht zu dir selbst sammeln und gewöhne dich, in dir zu leben, und zu wohnen, wie du von Natur geneigt bist, außer dir zu leben und zu schweben.

Dein stetiges Werk sei, bei dir selbst zu bleiben und mit dem Herrn im Verborgenen deines Geistes so zu wandeln, als wenn du nur mit ihm allein in der Welt wärest.

Zu dem Ende ist dein Heiland Jesus in diese Fremdlingschaft gekommen, dass er dir wieder heraushelfen und dich zu Gott und dessen Gemeinschaft heimführen möchte.

Er hat hier aber nichts Eigenes gehabt: Er passierte nur durch. Gleichwie er ausgegangen war vom Vater (Johannes 16,28) und gekommen in diese Welt: so eilte er auch, die Welt wieder zu verlassen und hinzugehen zum Vater. Also folge du ihm.

Durch sein Blut hat er dich Fluchwürdigen wieder mit Gott versöhnt, sein Vaterherz dir eröffnet und steht nun an deinem Herzen und bittet (2. Korinther 5,20) durch tausend Erinnerungen, du möchtest dich nun auch mit Gott versöhnen lassen und diesen besten Freund in dein Herz einnehmen.

So ernstlich und so herzlich sucht der Heiland dich und deine Freundschaft, dass er eben zu dem Ende für dich gestorben ist, damit du im Wachen und Schlafen recht mit ihm zusammen leben möchtest (1. Thessalonicher 5,10).

Dies fasse du denn doch im einfältigen Glauben, und halte Gott als deinen vertrauten geheimen Seelenfreund, dessen Lust ist in solchen Kindern der Menschen; der sich mit dir im Geiste gerne unterhalten und Gemeinschaft haben will.

Dieser dein Gott schaut dich an und denkt an dich unaufhörlich: so lass denn deine innigen Herzensgedanken auch zu ihm gerichtet sein und nicht mit Willen in die Sinne und Kreatur ausschweifen.

Bedenke, dass all dein Gut und dein bester Freund bei dir drinnen sei und sich mit dir unterreden will: warum wolltest du denn auslaufen und ihn allein lassen?

Ach, wer sollte um eines solchen Gottes willen nicht gern die Welt und alle Kreaturen vergessen!

Lass es dir sein, als wenn du in der Gesellschaft eines guten und lieben Freundes durch ein fremdes Land und eine wüste Einöde reistest.

20

Aus herzlicher Liebe zu diesem deinen trauten Seelenfreund tue alles und leide alles und nimm alles an, was dir begegnet in dieser Welt, das Kleine sowohl als das Große.

Um seiner Liebe willen verleugne dich selbst und stirb ab allen Lüsten deines Fleisches und deiner Sinne, deiner vorwitzigen, geschäftigen und selbstklugen Vernunft, wie auch der verborgenen anklebenden Sünde[10] und falschen Lust in allen Dingen außer Gott.

Lass dir doch keine Lust noch Sünde so lieb sein und kein Ding so fest am Herzen sitzen, dass du es um eines

10 *Anmerkung des Herausgebers:* vgl. Hebräer 12,1.

solchen Gottes willen nicht alsbald und willig solltest drangeben wollen.

Andere mögen reich und herrlich, geehrt und gelehrt sein, in Lust, Gemächlichkeit und Freude leben, der eine mag in diesem, der andere in jenem sein Vergnügen und Trost stellen; lass dir Gott allein genug sein.

Was anderen ein vergängliches Ding und dürftige Kreatur ist, alles das will dir der unveränderlich allgenugsame Gott in deinem Herzen werden.

Um seiner Liebe willen verleugne in allem deinen eigenen Willen, deine Selbstliebe und Selbstgefälligkeit: Kurz, verleugne dich selbst, wo du dich selbst findest.

Und ach! wie viel wirst du nicht von diesem Selbst finden, wenn du also in Abgeschiedenheit nahe bei dir selbst und nahe bei Gott zu bleiben dich gewöhnest.

Mache nicht zu viel Aufhebens von deinem Leibe: Er ist nichtig, eine Speise der Würmer, er ist verdorben, voller bösen Regungen und Begierden, der den Geist oft sehr verdunkelt und beschwert.

Du musst deinen Körper so ansehen und dich gegen ihn so fremd halten, wie ein Herr tut gegen seinen Knecht.

Regiere deinen Leib mit Verstand und gib ihm, unterm Vorwand der Notwendigkeit, nicht mehr, als sich's gebührt.

Wer in der Verpflegung seines Leibes so zärtlich ist und so mancherlei zu seiner Bequemlichkeit sucht, wird nimmer gesammelt und recht geistlich werden.

Mache nicht gleich so viel Wesens davon, wenn dir einiges Ungemach oder Leiden oder Widerwärtigkeit zustößt.

Trachte durch Gottes Gnade alle aus- und inwendigen Leiden heimlich, geduldig und sanft zu tragen, aus Liebe zu deinem Jesus.

Ja, umfasse das Kreuz und allerhand Widerwärtigkeiten und liebe sie von Herzen: Denn nichts hilft dir mehr, deiner Eigenheit zu sterben, wie auch von allem entwöhnt zu werden und Gott recht nahe zu kommen.

21

Auf solche Weise der Welt und dir immer absterben und so mit Gott im Verborgenen leben, das heißt Jesus nachfolgen, darin besteht der Kern und das Wesen des Christentums.

Dies muss dein allein wichtiges, dein einziges und alltägliches Geschäft hier auf Erden sein, dies muss dein einziger Hauptzweck sein, den du bei allem stets im Auge haben und wozu du alles andere richten musst.

In diesem Hauptwerk übe dich mit ganzem Herzen und ohne großen Umschweif und Zurüstung zu machen.

Nimm an und gebrauche alles (wie gering es auch sein möchte), was dir darin behilflich sein kann, mit Demut und Dankbarkeit.

Verwickle dich aber in nichts, binde dich an nichts, bleibe bei nichts stille stehen, als bei der Ausübung dieses Hauptwerks.

Lass Martha sich mit weitläufigen und vielen Dingen beunruhigen; es ist doch nur dieses Eine nötig und dieses Eine beständig, welches allein in Not und Tod helfen und vergnügen kann, wenn dir alles andere (wie scheinbar es auch ist) genommen werden wird.

22

Richte alles geradezu auf dieses Eine.

Was du von der Gottseligkeit erkennest, hörest oder liesest, das bringe fein alsbald aus dem Kopf ins Herz, das ist, trachte es nur dir selbst alsbald zu Nutze zu machen, dass du für deine Person es suchest auszuüben oder sonst dadurch erweckt und gestärkt werdest, nicht aber, dass du es nur wissen oder bei anderen davon schwätzen mögest.

Ja, was dir auch sonst inwendig oder auswendig in der Welt begegnen mag, nimm es alles einfältig von dem Herrn an und ohne auf Umstände oder Menschen zu sehen, trachte du nur in allem und durch alles für deine Person gefördert zu werden in deinem Hauptwerk, nämlich in der Erkenntnis und Absterbung deiner selbst und in der Gemeinschaft mit Gott.

23

Mache nicht viel Wesens und Prahlens mit deiner Frömmigkeit, mit deinen Verleugnungen, mit deinen inneren Empfindungen oder Erfahrungen: dein Geheimnis lass zwischen Gott und deiner Seele bleiben.

Lass es dir genug sein, dass Gott wisse, was in dir ist: denn es ist meistens schon zu viel, dass wir selber unser Gutes wissen, welches oft nicht mehr gut bleibt, wenn wir es selbst in uns sehen können.

Wer in stiller Wahrnehmung seines Herzens mit Gott im Verborgenen lebt, stirbt tausend Tode und genießt oft unaussprechliche Vergnügungen und Seligkeit, ohne viel Geräusch zu machen.

24

Suche nicht gesehen und bekannt zu werden bei anderen.

Trachte (so viel dein Stand und Beruf es zulässt) als ein vergessener Bürger (oder vielmehr Fremdling) in dieser Welt zu leben, von dem man nicht viel weiß, hört und redet; und der auch nichts begehrt zu wissen und zu hören als nur seinen Gott, und mit keinem lieber und mehr redet als mit seinem Gott.

Fürchte dich, wenn du bekannt und gelobt wirst, freue dich hingegen, wenn du vergessen und verachtet wirst, denn dadurch wird dir der Weg zu vieler Gefahr und Zerstreuungen verlegt und du bekommst so viel mehr Zeit und Gelegenheit, in dir selbst zu bleiben und allein mit Gott zu wandeln.

Trachte du nur inwendig wohl mit Gott zu stehen, alsdann ist wenig dran gelegen, wie es sonst geht und was andere von dir reden und denken.

25

Ohne Not habe nicht viel Umgang mit den Menschen dieser Welt; wenn du aber bei ihnen bist und sein musst, so trachte dich inwendig also zu halten, als wenn du nur mit Gott allein wärst.

Suche nur mit sehr wenigen engere Gemeinschaft und zwar nur mit solchen, die du bewährt erfunden hast, dass sie dir zur Stärkung, Erweckung und Beförderung in deinem Hauptwerk dienlich sind: damit du nicht (auch wohl unter gutem Schein) von Gott und von deinem Inwendigen herausgelockt werdest und dir von deinen Freunden deine wenige kostbare Zeit nicht gestohlen werde.

Habe nur deinen Umgang mit Gott und mit dir selber.

26

Brich gern deinen Willen, um dem Gutfinden eines anderen zu folgen, wenn es nicht wider Gott ist. Ach es ist viel leichter, viel ruhiger und nützlicher, zu gehorchen, als zu befehlen.

Wenn es dein Stand und Beruf nicht erfordert, so halte dich nicht damit auf, anderer Menschen Tun und Wesen wahrzunehmen und zu beurteilen.

Wer alles Unrechte in der Welt recht haben und bessern will, der verwickelt sich nur in viele Unruh und Zerstreuung und bringt oft weder sich selbst noch anderen Nutzen. Habe acht auf dich selbst!

O wie ruhig kann doch eine Seele leben, die nicht nötig hat, viel auf andere zu sehen und an andere zu denken.

Übrigens liebe alle Menschen, sei gegen alle freundlich und tue jedermann Gutes nach deinen äußeren und inneren Umständen und Vermögen, bleibe aber dabei in heiliger Furcht und inwendiger Abgeschiedenheit, damit du in keine Zerstreuungen geratest und in Weitläuftigkeiten eingeflochten werdest.

27

Liebe insonderheit alle Frommen und achte sie alle (auch den allergeringsten) in aller Aufrichtigkeit besser als dich selbst.

Liebe die Wahrheit und das Gute und danke Gott dafür, wo du es auch finden magst, halte dich aber bei anderen nicht auf, sondern trachte du auch selbst gut zu werden.

Liebe auch diejenigen, die nicht in allem so wandeln, wie du tust: lass du einen jeden seinen Weg gehen, was geht's dich an? Folge du Jesus nach!

Denke nichts Arges wider deinen Bruder; richte nicht, eifere nicht, deute alles zum besten.

Kannst du seine offenbaren Fehler verbessern, so tue es mit heiliger Furcht und Sanftmut, und kehre alsbald wieder in Demut zu dir selber, in dein eigenes Herz.

28

Dies allein, o Seele, muss dir ein solcher Ernst und so wichtig sein, dass du dich mit ganzem Herzen darauf legest.

Hierin übe dich vom Morgen bis zum Abend und lass es dir inwendig ebenso sein, als wenn du sonst nichts in der Welt zu verrichten hättest.

Halte dich mit nichts Fremdem und Unnötigen auf. Wer sein eigenes Herz recht bewahren und in beständiger Selbstverleugnung Jesus nachfolgen will, der findet so viel zu tun und zu leiden, dass ihm keine Zeit übrig bleibt, sich in andere Dinge einzulassen.

29

Was du sonst äußerlich zu verrichten hast, tue so viel dir möglich ohne Begierde, Sorge und Bekümmernis.

Tue es alles, nur um des Herrn Willen in Demut zu vollbringen, so tust du es dem Herrn und wird dir an dem einzig Nötigen nicht schaden können.

Lass deinen Sinn und deine Andacht nicht zu viel und mehr als nötig ist auf dein äußeres Werk gerichtet sein: damit du in einem stillen Wesen arbeiten und zugleich dein Herz bewahren und bei dem Herrn bleiben mögest.

Ach wie eitel und nichtig ist sonst alles, was in dieser Welt außer Gott gewirket wird! Und welchen Trost und Nutzen wirst du von aller deiner Arbeit haben in der Stunde deines Todes?

Ja, was sollte dich auch sonst trösten in allen Mühseligkeiten dieses Lebens, wo du nicht trachtest, allezeit und in allem Gott zum Freunde zu haben?

30

Bald gehest du von hinnen.

Von alle dem, was du hast und siehst in dieser Welt, kannst du nichts mitnehmen: Alle Menschen verlassen dich und du verlässest alle Menschen; dann wirst du mit Gott allein deine Sachen ausmachen müssen.

Deshalb übe dich von nun an in dem einzigen, nämlich, alles zu verlassen, was du alsdann verlassen musst.

Handle und wandle mit Gott von nun an gleichsam als unter vier Augen.

O wohl dem, der in so stiller Abgeschiedenheit mit seinem Gott lebt und nur ihm und der Ewigkeit bekannt und gemeinsam zu werden trachtet! Dem wird der Tod nicht kommen wie ein Dieb in der Nacht, er darf auch nicht erschrecken, vor Gottes Angesicht zu erscheinen.

Denn, wie er hier dem Herrn gelebt hat, so wird er auch dem Herrn sterben, und wie sein Leben hier mit Christus in Gott verborgen gewesen ist, so wird er, wenn Christus, der sein Leben ist, wird offenbar werden, auch mit ihm offenbar werden in der Herrlichkeit (Kolosser 3,3.4).

III.

31

Wer mit einem stillen und andächtigen Gemüte das Leben und Verhalten Jesu Christi, von seiner Krippe an bis in seinen Tod am Kreuze, einschaut, der wird eben die Fußstapfen ganz lebhaft und auf diese vollkommenste Weise zu unserer Nachfolge darin ein- und ausgedrückt finden. Wir wollen solches mit einem Wort berühren.

32

Er, der Heiland Jesus, der in dieser Welt wohl hätte ohne Sünde mögen und können in Ehre, Reichtum und Wollust und Freude leben, hat solches alles dennoch (auch uns ein Vorbild zu geben) nicht haben wollen, sondern lieber Schmach, Armut und Kreuz (Hebräer 12,2) erwählt. Er ließ dem Herodes und den Pharisäern ihren Staat, Ansehen, Schätze und Gemächlichkeiten und lebte die meiste Zeit mit seinen geringen verachteten Eltern in Nazaret, einem ganz verachteten und schlechten Ort, bei einer unansehnlichen Handarbeit, so ganz verdeckt und still, dass man wohl kaum in der Welt mag gewusst oder gehört haben, dass zu Nazaret einer wäre, der Jesus hieße. Er hätte in allen Stücken hervorleuchten können, es fehlte ihm nicht an Verstand, Weisheit, Gaben und göttlicher Kraft, er hätte von allen geistlichen und natürlichen Wissenschaften die vortrefflichsten Bücher schreiben können, die alle Welt bewundert hätte und wodurch viele tausend Menschen unserem Bedünken nach bekehrt worden wären: aber nein, er sollte und wollte nicht scheinen. Selbst in seinem offenbaren Leben suchte er, so viel möglich, seine Wunderwerke (Matthäus 8,4;9,30 etc.), seine göttliche Hoheit (Matthäus 16,20) und Herrlichkeit (Matthäus 17,9) verborgen zu halten, und floh, wo und wann er gelobt (Lukas 11,27.28) und geehrt wurde (Johannes 6,15).

33

Sein Leben hier auf Erden sah er an als einen Durchgang: Ich bin in die Welt gekommen, hieß es; wiederum verlasse ich die Welt und gehe zum Vater (Johannes 16,28). Alle seine Beschäftigung war nur, zu sein in dem, das seines Vaters ist (Lukas 2,49), ohne um fremde Dinge sich zu bekümmern, wozu er nicht in der Welt war. Und gleichwie er in seinem kurzen offenbaren Leben sich so oft dem Volk entriss, um in geheim zu beten und manchmal ganze Nächte in der Einsamkeit, in einem Gebet Gottes (Lukas 6,12) und sonderlich familiären Umgang mit seinem himmlischen Vater zubrachte, also ist auch leicht zu erachten, dass in seinem langen verborgenen Leben zu Nazaret dieses nicht weniger sein liebstes und stetes Hauptwerk gewesen sein werde. David und Petrus sagen uns, dass der Heiland sich beständig geübt, in der Gegenwart Gottes zu wandeln und sich in ihm, seinem himmlischen Vater, inniglich zu erfreuen. Dergestalt führen sie ihn selbst redend ein: *Ich sehe* (Psalm 16,8–11; Apostelgeschichte 2,25.26) *den Herrn allezeit vor meinen Augen: denn er ist zu meiner Rechten, darum werde ich nicht bewegt werden. Darum ist mein Herz fröhlich und meine Zunge hüpft freudig auf* usw. Und so ließ ihn auch sein Vater nicht allein, weil er es zu seinem Lebensinhalt machte, demselben also nach den Augen zu sehen und allezeit das zu tun, was ihm gefällig war (Johannes 8,29), in beständiger Ergebung seines Willens in den Willen seines Vaters (Johannes 4,34; 6,38), ja aus Liebe zu demselben, die allerbittersten Leiden willig und mit Freuden auf sich zu nehmen (Johannes 14,31).

34

Dabei ließ er die Schriftgelehrten und Pharisäer sich zanken über ihre besonderen Meinungen und sich schleppen mit ihren leiblichen Übungen und Menschensatzungen, lehrte sie hingegen mit Wort und Wandel das eine, welches Not war und woran es ihnen allen noch fehlte. Und gleichwie er sich nicht mengte in die unnützen Streitfragen der Gelehrten seiner Zeit, so ließ er sich auch in keine andere Dinge ein, wozu er nicht gesandt war. Wer hat mich dazu gesetzt? (Lukas 12,14) war seine Antwort, wenn man ihn in fremde Händel ziehen wollte, ob er wohl sonst herumging und allen Gutes tat (Apostelgeschichte 10,38).

35

Er liebte einfältige, arme und verachtete Leute und ging gerne mit ihnen um, wenn sie Sehnsucht nach Gott hatten, war auch in seiner Liebe unparteiisch. Die samaritische Frau (Johannes 4) war ihm ja so lieb wie der Schriftgelehrte Nikodemus (Johannes 3); wie nicht weniger diejenigen, welche ihm zur Zeit noch nicht nachfolgten (Lukas 9,49.50). Er wollte gar nicht einmal über die Irrigen einen Eifer gestatten (Lukas 9,54.55), noch über die größten offenbaren Sünder urteilen (Johannes 8,11). Das eine Werk, wozu er gekommen war, betrachtete und übte er Tag und Nacht mit unermüdlichem Fleiß; davon war sein Herz und Sinn so voll, dass, was er auch von äußerlichen Dingen sah oder hörte, ihn nur aufs Geistliche führte, dass er auch alsbald davon zu reden Anlass nahm (Johannes 4,10).

36

Wie nun sein Leben war, so war auch seine Lehre: dass wir sollten wachen und beten allezeit (Lukas 21,36) und ohne Unterlass (Lukas 18,1); dass wir ihm sollten durch Verleugnung und tägliches Kreuz nachfolgen (Matthäus 10,24), ohne uns viel um andere zu bekümmern (Johannes 21,22); eines sei nur Not (Lukas 10,42), außer dem hülfe ja alles dem Menschen nicht, wenn er gleich die ganze Welt gewönne (Matthäus 16,26) usw.

37

Jesus Christus, der treue Hirte unserer Seelen, der uns mit seinem teuren Blut von der Erde sich zum Eigentum erkauft hat, der aber auch, indem er für uns gelitten, uns ein Vorbild gegeben, dass wir nachfolgen sollen seinen Fußstapfen (1. Petrus 2,21): der wirke an uns dergestalt durch seinen Geist, dass eben der Sinn auch in uns sein möge, welcher in Jesus Christus war (Philipper 2,5); uns nämlich in gründlicher Absterbung auszuleeren von aller Kreatur- und Selbstliebe, damit wir die wenigen Tage unserer Wallfahrt zubringen mögen in wahrer Enthaltung von aller vergänglichen Lust, tot zu werden der Sünde, fremd der Welt und uns selbst, ihm aber und der stillen Ewigkeit im Geist bekannt und gemeinsam und dass wir ihm dergestalt als Gäste und Fremdlinge mit geschlossenen Augen nachfolgen und mit ihm stille fortwandeln mögen durch die Wüste dieser Welt bis in unser wahres und ewiges Vaterland.

Ja, Jesus, bringe uns Verirrte und Verlorene also wieder zu dir (Klagelieder 5,21), dass wir wieder heimkommen. Amen.

5. Die Übung der liebreichen Gegenwart Gottes

Es ist unter allen gottseligen Übungen keine allgemeiner, einfältiger, süßer, nützlicher und welche mehr die ganze Summe der christlichen Pflichten in ein glückseliges Eins verfasst, als die Übung der liebreichen Gegenwart Gottes, nach dem Geständnis aller Heiligen. Hierin sind uns Henoch, Noah, Abraham, David, Asaph und unser Heiland selbst vorgegangen; und bis dato bezeugen's alle Frommen, es sei ihnen gut, dass sie sich nahe bei Gott halten.

Es besteht aber diese Übung kurz gesagt darin: dass wir einfältig und andächtig glauben, dass Gott überall und auch in unserem Herzen gegenwärtig sei;

dass er dazu bei uns und in uns gegenwärtig sei, damit wir ihn daselbst anbeten, lieben und ihm dienen sollen, gleich wie er sich uns daselbst gerne mitteilen und gerne bei uns sein will;

dass wir uns demnach dieser Wahrheit des Glaubens öfters auf eine herzliche Weise erinnern und uns als bei Gott, vor Gott und in seiner Gegenwart ansehen;

dass wir diesen unseren gegenwärtigen Gott mit unserem Herzen anbeten, verherrlichen, lieben und uns ihm ganz übergeben;

dass wir alles trachten zu tun, zu verleugnen und zu leiden in einem sanften und stillen Geiste als in seiner

Gesellschaft nach seinem liebsten Willen ihm zu Lieb und Ehre;

dass wir uns auf eine liebevolle und stumme Weise mit Gott unterreden in unserem Herzen und uns mit ihm gemeinsam machen als mit unserem liebsten und besten Freunde, und zwar zu aller Zeit und bei allem, was uns inwendig oder auswendig vorkommt, es sei Gutes oder Böses;

dass wir dazu auch in unseren Geschäften bisweilen einen Augenblick stille halten, um durch einen andächtigen Liebesblick auf Gott uns in dieser Übung zu stärken oder zu erneuern;

dass wir wahrnehmen und beantworten die Liebeszüge und Lockungen Gottes in unserem Inwendigen, wodurch er uns freundlich erinnern, stillen, sammeln und mit sich vereinigen will;

und schließlich, dass wir nach einer jeglichen Zerstreuung oder Untreue mit demütigem Vertrauen alsbald zu unserer Übung wiederkehren wie ein Kind zu seinem lieben Vater.

Seht doch, was ist einfältiger und leichter zu fassen, als diese süße Lehre von dem Weg unseres Heils.

So gewöhne dich denn nun an den Herrn, meine Seele; die Gesellschaft dieses Freundes sei dir wertvoller und süßer als alle Dinge dieser Welt.

Er ist der getreue Freund, der dein Beistand und Trost sein wird in der Stunde deines Todes, wenn dich alle Freunde verlassen.

Ja, dann wirst du erst recht anfangen, die herrliche und selige Gegenwart deines Gottes zu genießen und bei dem Herrn sein allewege, Sela!

6. Kurze Anleitung, Gott und dessen Angesicht zu suchen

Tretet herzu und sehet auf den Herrn,
so werdet ihr erleuchtet und euer Angesicht
wird nicht zu Schanden werden.
Psalm 34,6

1

O Mensch (eben du, der du dieses liest), stehe doch ein wenig stille und bedenke mit Ernst deinen hohen Adel, wozu du geschaffen und von Gott in diese Welt gesetzt bist. Du bist nicht für die Zeit und für die Kreatur, sondern für Gott und für die Ewigkeit geschaffen und um dich mit Gott und mit der Ewigkeit zu beschäftigen. Du bist eben dazu in dieser Welt, um diesen deinen Gott und dessen seligmachendes Angesicht, wovon du dich durch die Sünde abgewandt und zur Kreatur gekehrt hast, wieder zu suchen, damit du dadurch gründlich geheiligt und erleuchtet und Gott in dir und du in Gott Freude, Lust, Frieden und Vergnügen haben möchtest.

2

In diesem Einzigen liegt dein zeitliches und ewiges Heil und Wohlsein, das dir kein Ding außer Gott geben kann.

Die äußeren Dinge dieser Welt können deinen äußeren Menschen kaum vergnügen in dieser kurzen Zeit deines mühseligen Lebens: inwendig aber hast du einen Hunger, der nicht gestillt, ein Auge, das nicht gesättigt, ein Gemüt[11], das nicht befriedigt wird, als durch einen allgenugsamen, unendlich liebenswürdigen Gegenstand, welcher Gott allein ist.

3

Hast du nun, o Seele, ein aufrichtiges Verlangen in dir, diesen deinen Gott und sein Angesicht wieder zu suchen und zu finden, so siehe zu, dass du es nicht auf eine unrechte Weise anfängst. Gott ist ein Geist und deinem Geiste nahe: deshalb hast du nicht nötig, weit herum zu sehen noch zu laufen oder durch viele und mancherlei leibliche Übungen dich zu zerstreuen; viel weniger mit vielem Überlegen, Forschen und Nachsinnen deiner Vernunft dir den Kopf zu zerbrechen. Dies wäre vielmehr ein Weg, dich immer weiter von Gott zu entfernen und dich ungeschickter zur Erkenntnis Seiner und seiner Wahrheit zu machen.

4

Trachte nur deinem Gemüte nach Gott gleichförmig zu werden, so magst du ihn unfehlbar und leicht finden und erkennen. Gleichwie, wer die Sonne schauen und genießen will, sich ins Licht der Sonne begeben muss: also

---

11 Die Fakultät der Freude und Ruhe, sonst genannt das Gewissen, das erinnernde Wohlgefallen usw.

musst du Gott ähnlich werden, wenn du auf eine wesentliche Weise (1. Johannes 1,5–7) Gemeinschaft mit ihm haben willst. Dieses unzugängliche ewige Licht wird nicht gesehen, als nur in seinem eigenen Licht (Psalm 36,10). Gott ist ein geistliches, ewiges, uneingeschränktes, einfältiges, sanftes, stilles und freundliches Wesen: Je mehr du nun eben diese Eigenschaften inwendig bekommst, desto näher kommst du Gott und wirst fähig, dass er sich dir mitteilen und offenbaren kann.

5

Gott ist ein abgeschiedenes, geistliches Wesen, fremd dieser groben Welt, den Sinnen und der Vernunft. Willst du nun ihn finden und sein Angesicht schauen, so halte auch du dich mit deinem Geist, Liebe, Lust und Herzensgedanken so viel möglich abgeschieden und fremd der Welt und alle dem, das in der Welt ist. Lass keine Kreatur mit Willen in dich hinein, und kehre auch mit deiner Lust und Liebe zu keiner Kreatur hinaus: Meide alle unnötige Ausschweifung und Wirksamkeit deiner Sinne und Vernunft. Siehe deinen sinnlichen, vernünftigen Teil an, als wenn es ein fremder Mensch wäre, und bleibe du im Geist mit deiner Andacht und Liebesneigung zu Gott gewandt in deinem Inwendigen, mache dich mit ihm im Verborgenen deines Geistes recht vertraut und nimm dich's nicht an, was draußen vorgeht.

6

Gott wohnt in sich selbst in der Ewigkeit, er ist allezeit derselbe, bei ihm ist kein Vor oder Nach, sondern ein stetswährendes Heute. Willst du ihm nun nahen, o

Seele, und Gemeinschaft mit ihm haben, so meide alles unnötige Zurück- und Vorausdenken, all dein vernünftiges Überlegen, Forschen und Sorgen; und bleibe wie ein unschuldiges Kindlein mit deinem Sinn und Gemüt im gegenwärtigen Augenblick bei dem Herrn und lass ihn für dich sorgen und dich leiten.

7

Gott ist ein allgemeines, ungeteiltes, uneingeschränktes Wesen und aller Vernunft unbegreiflich: Er ist weder dies noch das, sondern alles und Eines.[12] Deshalb, wenn du Gott erkennen und dich zu ihm nahen willst, so lass sanft fallen all dein Dies und Das, alle deine besonderen, eingeschränkten, kindischen Bilder und Gedanken von Gott; nimm deine Vernunft gefangen unter den einfältigen Glauben und gehe mit deinem Geist ein in eine unumschränkte Allgemeinheit und stille Weite des Gemüts, ohne besondere Vorwürfe und Überlegungen, besonders zur Zeit des Gebets.

8

Gott ist die Einfalt und Lauterkeit selbst, deswegen kann ihn niemand finden noch schauen (Matthäus 5,8), als der

---

12 Man nehme dieses in keinem anderen als dem gesunden Verstande. Dies ist die Meinung: Die besonderen Vollkommenheiten eines Geschöpfs können abgeteilt, gemessen, umschränkt und begriffen werden: Gott aber ist ein höchst einfaches Wesen: Er ist nicht diese oder jene besondere Vollkommenheit, sondern *alles* Gute und *alle* Vollkommenheit in unzertrennlicher, unbegreiflicher Einheit.

eines lauteren und reinen Herzens ist. Deshalb trachte auch in allen Stücken lauter und einfältig zu werden. Sei schlecht und recht in allem und überall, in deinem Tun, Denken und Begehren. Lass das einfältige Auge deines Gemüts Gott geradezu ansehen und ihn in allem alleine meinen, ohne einige unlautere Nebenabsicht oder Selbstgesuch, fern von aller groben oder subtilen Heuchelei, Verstellung oder gemachtem Wesen. Lass all dein Denken und Dichten so sein, dass du es vor der hellen Sonne der Gegenwart Gottes darfst sehen lassen; und wo etwas Falsches oder Unlauteres sich wider Willen in dir regen möchte, so lege es aufrichtig und ruhig vor Gottes Angesicht bloß, so wird es verschwinden.

9

Gott ist ein freundliches, sanftes Wesen, er ist Liebe; wer nun in der Liebe bleibt, der bleibt in Gott und Gott in ihm (1. Johannes 4,16). So sei denn auch du sanft, freundlich und wohlwollend in deinem ganzen Wesen und Wandel. Lass durch den Geist der Liebe Jesu die grimmigen, widerspenstigen Kräfte deiner Natur besänftigen, die Härtigkeit deiner Leidenschaften stillen und deinen störrigen Eigenwillen gebeugt und geschmeidig machen; und so oft sich etwas Widriges in dir regt, so versenke dich alsbald stille in das süße Element der Sanftmut und Liebe.

10

Gott ist ein stilles Wesen und wohnt in der stillen Ewigkeit. So muss auch dein Gemüt wie ein stilles und klares Wasser werden, worin sich die Klarheit Gottes spiegeln und abbilden kann. Meide deswegen alle Beunruhigungen, Verwirrung und ungestümes Wesen von innen und von außen. Nichts in der ganzen Welt ist wert, dass du dich drüber stören solltest, selbst deine begangenen Fehler müssen dich nur demütigen, aber nicht beunruhigen. Gott ist in seinem heiligen Tempel (Habakuk 2,20), es sei stille vor seinem Angesicht alles, was in dir ist! stille mit deinem Munde, stille mit deinem Willen, stille mit deinen Begierden und Gedanken, stille mit deinem eigenen Wirken. O wie nützlich und köstlich ist ein sanfter und stiller Geist vor Gottes Angesicht (1. Petrus 3,4)!

11

Gott ist ein freudiges, zufriedenes und freundliches Wesen. Trachte deshalb auch, einen stets freudigen und friedsamen Geist zu bekommen. Meide alles ängstliche Sorgen, Verdruss, Murren und Traurigkeit, welches das Gemüt verdunkelt und dich untüchtig macht zum Umgang mit Gott; kehre dich sanft davon ab, wenn du dergleichen etwas in dir gewahr wirst. Dein Herz sei fremd und verschlossen aller Welt und Kreatur, aber ganz vertraut und offen gegen Gott. Habe ein recht strenges Auge auf dich selbst, auf deine bösen Lüste, Selbstliebe und Eigenwillen, aber gegen Gott sei recht frei, kindlich, liebreich und vertraulich; siehe ihn an als deinen Herzensfreund und denke nichts als lauter Gutes von ihm. Lass alles außer dir drunter und drüber gehen, lass deinen Leib in Kreuz und Schmerzen und deine Seele in Dürre und Leiden sein, nur dein Geist bleibe von dem allen unberührt, stille und heiter, erhaben über die Zufälle aller Dinge und vergnügt in seinem Gott von innen und mit seinem Wohlgefallen von außen.

12

Wirst du dich dergestalt mit mir zu üben trachten, so wird dein Gemüt allmählich Gott gleichförmiger und also auch immer fähiger werden, dieses allgenugsame und liebenswürdigste Gut wesentlich zu finden und sein seligmachendes Angesicht anzuschauen.

13

Wobei ich aber noch folgende wichtige Erinnerungen gebe: Erstens, dass, weil die äußeren Dinge und Geschäfte, besonders so lang man nicht viel hierin geübt und befestigt ist, leichtlich viele Zerstreuungen verursachen und das Gemüt mehr oder weniger in dieser Übung hindern und aus der gehörigen Gemütsstimmung setzen, es ganz nützlich und nötig sei, dann und wann den Tag über eine kleine Zeit besonders und mit Fleiß auszusetzen, da man alle sichtbaren Gegenstände und Überlegungen ganz beiseite setzen kann, um sich wieder in Gottes Gegenwart zu sammeln und in diese erforderte Gemütsgestalt durch den Beistand seiner Gnade einzugehen; ein jeder nachdem es sein Zustand und seine äußeren Umstände zulassen wollen.

14

Zum anderen, so muss man vor allen Dingen glauben und fest überzeugt sein, dass alles liege an Gottes Erbarmen und nicht an unserem Wollen und Laufen (Römer 9,16). Deswegen müssen wir nicht meinen, durch unseren Fleiß, vielweniger durch unser eigenes Anstrengen und Kopfbrechen Gott zu finden und zu schauen. Unser Wirken in dem Zunahen zu Gott muss ein ganz inniges, sanftes, stilles und friedsames Wirken oder Neigen unseres Willens, unserer Liebe und unseres Herzens sein, wobei es dann hauptsächlich ankommt auf das Wirken Gottes und auf den verborgenen Zug seiner Liebe, auf den wir nur einfältig merken und dem wir folgen müssen und wovor all unser Wirken stille sein und schweigen muss. Wenn wir gewahr werden, dass der Herr uns erheben oder sammeln, stillen oder besänftigen will, oder dass ein tiefes Wohlsein, eine kindliche Ehrfurcht vor seiner Gegenwart oder etwas dergleichen in unserem Grunde sich befindet: so müssen wir uns seiner Wirkung ohne Furcht überlassen und ihm stille halten und feiern, in aller Einfalt und Abgeschiedenheit.

15

Da würdest du dann mit der Zeit erfahren, dass du nicht nur einen äußeren Menschen, einen Leib, Sinne und Vernunft hast, welche in diese Zeit und für die Dinge dieser Zeit gehören, sondern auch einen inneren Menschen, einen edlen Geist, der seinen Grund und Wurzel in der Ewigkeit hat und solche Kräfte deines Geistes, welche (unabhängig von alle dem, das in der Welt ist und geschieht) fähig sind, Gott und die ewigen Dinge auf eine wesentliche Weise zu genießen und zu beschauen zu ihrer völligen und wahren Vergnügung und Ruhe.

16

Deine Liebe, dein Herz, deine feurige Seelenbegierde würde sodann endlich (und dies ist eben das Ende, wozu wir geschaffen und wieder erlöst sind), wenn sie von allem anderen ausgeleert worden, das höchste Gut, die unermessliche Gottheit in ihren unermesslichen Schoß einnehmen und besitzen. Diese ewige Liebe, dieses vergnügende Wesen würdest du mit allen in eins gesammelten Kräften deiner Liebe auf die allerzarteste und innigste Weise, wie ein unschuldiges Kind seine Mutter, umarmen und mit der reinsten Vertraulichkeit auf dein Herz drücken und von ihr hinwiederum seliglich umfasst werden. Mit diesem deinen trauten Seelenfreund würdest du dich gleichsam verschließen können in dein innerstes Kämmerlein, in den Mittelpunkt deines Herzens, weit, weit von allen Kreaturen. In dieser süßen Einsamkeit würdest du durch das selige Nahesein dieses allgenugsamen Wesens auch einigermaßen allgenugsam werden: das ist, du würdest so vollkommen gesättigt, vergnügt und zufrieden sein mit deinem Gott, dass du um alle Herrlichkeiten, Reichtümer und Vergnügungen des Himmels und der Erde nicht einen Blick würdest auskehren und sie nicht einer Neigung deiner Liebe wert achten; aber im Verborgenen würdest du, gleich einem Seraph, in der reinsten Liebe deines Gottes brennen und durch diese sanfte Liebesglut ganz freundlich, sanft, lieblich, ja, selbst Liebe werden.

17

Dein reiner Verstand, das Auge deines Gemüts, würde von allen anderen Vorwürfen ab- und eingewandt und von dem Licht der ewigen Weisheit erleuchtet, gestärkt und im Geist erhaben werden, um, wie ein Cherub, mit gebücktem Angesicht zu stehen und zu beschauen das Angesicht Gottes, die Weisheit selbst, den Spiegel ohne Makel. In diesem Licht würdest du das Licht (Psalm 36,10), nämlich die Wahrheit, erkennen und eben diese Klarheit des Herrn würde sich wiederum in deinem heiteren und stillen Grunde spiegeln (2. Korinther 3,18). Dein unverbildetes bloßes Angesicht und das entdeckte freundliche Angesicht deines Gottes würde sich mit den allerfreundlichsten Blicken begegnen, begrüßen und umfassen. Du würdest, gleich einem unschuldigen, kleinen Kindlein, mit deinen unschuldigen Augen das Angesicht Gottes unverwandt und vergnügt ansehen und er würde wiederum als eine treuliebende Mutter seine Augen auf dich gerichtet halten, wodurch du durch und durch würdest geheiligt und in eben dasselbige Bild umgestaltet werden, von einer Klarheit zur anderen (2. Korinther 3,18).

18

Dein Gemüt oder erinnerndes Wohlgefallen würde (abgeschieden von aller Freude, Trost und Vergnügen der Kreatur) mit der innigsten und reinsten Freude und dem tiefsten Frieden Gottes angefüllt werden. Du würdest alle deine Lust, alle deine Freude und Seligkeit haben in Gott und Gott würde wiederum seine Freude und Gefallen in dir haben. Er würde in dir ruhen und wohnen als in seinem stillen Friedensthron; und dein Geist, der so lange wie ein verjagtes Waisenkind in der Fremde herumgeirrt, würde auch wieder sanft ausruhen in seinem rechten Ruhepunkt und Heimat und in den Schoß Gottes in unverrücktem Frieden sich niederlegen und sich verbergen in die stille Ewigkeit. In diesem unermesslich weiten Friedensreich würdest du leben können, unberührt und ungestört von den Sturmwinden der Gefühlsaufwallungen, abgeschieden von aller beunruhigenden Freude und

Traurigkeit, Furcht und Hoffnung, die von außen deinen Geist anfallen möchten.

Und also würdest du ein heiterer Himmel der hochgelobten Dreieinigkeit sein, worin dieselbe wohnen und den sie mit ihrem Licht, Liebe und allen göttlichen Tugenden erfüllen und sich darin verklären würde in Zeit und Ewigkeit.

19

So sei dann nun nicht mehr so töricht, o du herrliches Geschöpf und Ebenbild des ewigen Gottes, dass du deinen königlichen (ich will nicht sagen göttlichen) Geist und dessen edle Kräfte schändlicher Weise zu Sklaven machst der geringen, dürftigen und nichtigen Kreatur und Eitelkeit durch Augenlust, Fleischeslust und hoffärtiges Leben. Eben dazu hat Gott seinen Sohn gesandt, dich aus solcher Knechtschaft zu erlösen und deinen Geist wieder zur herrlichen Freiheit der Kinder Gottes zu erheben. Bedenke, du bist nach deinem edelsten Teil ein Kind der Ewigkeit, Gott selbst ist dein Vater und dein Vaterland, da musst du wohnen und wandeln, die Welt muss dir ein Elend (*Exilium*) und dein Körper ein Zuchthaus und Kerker sein. Ach, so hebe denn empor (Psalm 24,7.9) die ewigen Tore deiner Gemütskräfte, über die Natur, Sinne und Vernunft, dass der König der Ehren, Gott Zebaoth, zu dir einkehren möge!

7. Der vortreffliche Weg der wahren Liebe

Gott ist Liebe und wer in der Liebe bleibt,
der bleibt in Gott und Gott in ihm.
1. Johannes 4,16

I. Übung der Liebe

1

Nichts ist schöner, lauterer, anmutiger, mächtiger und vollkommener als die Liebe. Denn Gott ist Liebe. Durch kein Mittel kann sich Gott des menschlichen Herzens besser bemächtigen als durch die Liebe, und durch kein Ding kann der Mensch Gott besser gefallen als durch die Liebe, denn sie ist des Gesetzes Erfüllung.

Was durch alle Strenge des Gesetzes und durch alle Furcht der Strafe nicht hat können und noch nicht kann bei dem Menschen ausgerichtet werden, das alles ist und wird leichtlich ausgerichtet, wo Gott dem Menschen seine Liebe in Christus Jesus anpreist, wo er ihm die Vergebung seiner Sünden, Erlösung und ewiges Heil ankündigt und ihn aus solchem Grund zur Buße und Gegenliebe anlockt.

Gleichwie nun die Eingeweide der Liebe Gottes in dem süßen Namen Jesus-Immanuel dem abgewichenen Menschen wiederum eröffnet sind, und noch bis auf diese Stunde dem ärmsten Sünder (ihm wissend oder unwissend) weit offen stehen in seiner Seele: Also ist diese ewige Liebe auch im Grunde unserer Seele stets eifrig, sich uns anzubieten und anzupreisen und auf tausend Arten sich uns mitzuteilen und einen Eingang zu suchen zu unserer ewigen Glückseligkeit. Alle im menschlichen Herzen aufsteigenden guten Gedanken und Begierden, Traurigkeit und Wehmut über seine Sünden, Bestrafung und Zurechtweisung, Reizung zum Gebet, zur wahren Gottseligkeit und gründlichen Übergabe an Gott und dergleichen mehr sind pure Auswirkungen dieser langmütigen Gottesliebe. Könnte es der ruchloseste Sünder nur zum tausendsten Teil erkennen, er würde sich den Augenblick dieser Liebe ergeben müssen.

Ja, Liebe, zeige dich auch nur von ferne den Sündern, dass du Liebe seiest, so werden sie dich alle lieben und dir folgen.

2

Geschieht nun dieses, dass sich nämlich der Mensch durch Gottes Güte und Liebe zur Buße ziehen lässt, so glaube er's doch hinfort ohne Bedenken, dass auch er durch keinerlei Werk oder Übung Gott besser und leichter gefallen könne als durch Liebe.

Er bewahre und pflege nur wohl das verborgene Fünklein der Liebe Gottes in seinem Herzen durch herzliches Andenken an Gott, kindliche Zukehr zu Gott und einfältige Beschäftigung mit Gott und dessen Vollkommenheiten.

Er übe sich in der Liebe. Aus Liebe zu Gott gebe er sich selbst und sein Liebstes dran und überlasse sich im Glauben dieser reinen Liebe.

Er erfreue sich, wenn er eine gute Gelegenheit hat, etwas zu tun, zu verleugnen oder zu leiden, diesem Gott zu Lieb und Ehren.

Er gewöhne sich daran, alles, was er tut, aus Liebe zu diesem Gott zu tun; alles, was ihm begegnet, in Liebe von diesem Gott anzunehmen; alles, was er zu leiden hat, in Liebe um dieses Gottes willen zu ertragen.

Alles muss durch die Liebe der Liebe geopfert werden.

Durch die Liebe werden die bittersten Leiden süß, die wunderlichsten Begebenheiten gut, die kleinsten Werke groß und göttlich.

3

Da denke man aber nun nicht eben an eine empfindliche und erquickliche Liebe: Liebe haben und Liebe fühlen, ist nicht allezeit beisammen.

Die wahre beständige Liebe besteht in einer innigen Hochachtung Gottes, dass wir ihn als höchst, ja allein liebenswürdig durch den Glauben erkennen und daher uns selbst ganz und was in unserer Macht ist, diesem Gott williglich aufopfern und überlassen zu seinem Dienst und Ehren.

Diese Liebe, welche der heilige Geist in unsere Herzen ausgießt, kann bestehen auch mitten in aller Dürre, Dunkelheit und tiefsten Läuterungswegen, welche eben nichts anders sind als selige Wirkungen der reinen Liebe Gottes.

II. Völlige Überlassung der Liebe

1

Fürwahr, wenn ein Sünder zu der edlen Tat der reinen Liebe gelangen möchte, dass er mit gründlicher Verlassung und Darangebung seiner selbst sich wahrhaftig Gott überließe und demselben Vollmacht gäbe, in Zeit und Ewigkeit mit ihm zu machen, was er immer wollte; nicht achtend oder ansehend sein Weh oder sein Wohl, sondern bloß Gott, und dass der nur möchte geehrt, geliebt und vergnügt werden: über einen solchen würde Zorn und Hölle keine Macht mehr haben, sondern seine Sünden, wenn sie auch noch so groß wären, würden eher vergeben und verzehrt sein als ein bisschen Flachs in einem glühenden Ofen, ja, diese Liebe würde ihn heilig und göttlich machen.

2

Nun sind wir zwar nach unserer angeborenen Art ganz gewurzelt in der sündlichen Eigenliebe und durch dieselbe so zu uns selbst gekrümmt, dass wir Gott nicht ansehen, lieben und vertrauen können: es muss und es will uns aber der Sohn Gottes selbst durch seinen heiligen Geist diese Liebe in unsere Herzen ausgießen (Römer 5,5), nachdem er in seiner Menschheit unsere Sünden auf sich genommen und durch eben diese reine Liebe uns wieder mit Gott völlig ausgesöhnt hat.

Und mit einer solchen freien Liebe Gott dienen, das heißt erst eigentlich Christentum: Da ist wohl sehr zu bedauern, dass auch fromme Menschen so lange (wo nicht gar ihr Leben lang) zappeln in dem ängstlichen Beschäftigen mit und Sorgen für sich selbst, ohne dass sie einmal ihre eigenen Absichten drangeben, sich Gott anvertrauen und nur reine Liebe suchen in dem Herzen und Angesichte Jesu Christi. Ach lasst uns ihn lieben, denn er hat uns zuerst geliebt (1. Johannes 4,19)!

3

O du[13] unendliche Liebe, o anbetungswürdige Dreieinigkeit; Vater, Urquell der Liebe, Sohn, liebevolles Licht, heiliger Geist, lebendige Flamme und heilige Glut der Liebe; o Gott, der du lauter reine Liebe bist, du bist ein brennendes und verzehrendes Feuer, das alles verzehren muss, was in der reinen Liebe nicht bestehen kann. Ach verbrenne in uns durch dein anbetungswürdiges Feuer alles, was deiner Heiligkeit zuwider ist. Fange an, setze fort und vollende allhier in unseren Seelen das große Werk der Reinigung und der Heiligung, ohne welche niemand dein Angesicht sehen kann.

Verleihe uns, o Herr, ein wenig von deiner empfindlichen und brennenden Liebe, um uns aufzuwecken aus unserer Unempfindlichkeit und tödlichen Schlafsucht und gib uns ein wenig Schrecken vor deinen entsetzlichen Gerichten, damit wir beizeiten den Irrweg verlassen.

Schütte in unsere Herzen aus ein Tröpflein von deiner so mächtigen Liebe, welche die Hölle in ein Paradies verwandeln kann. Ja, Herr, zünde bald dieses Feuer an auf dem Erdboden, welches anzuzünden du gekommen bist und wonach du sehr verlangst, dass es abermals zu

---

13 Dieser Seufzer ist entlehnt aus der Vorrede des französischen Herausgebers der Théol. de l'Amour.

brennen anfange, damit das Reich deiner Liebe auf ewig gegründet werde und wir in dir seien in Einigkeit der Herzen, der Seelen, der Werke und der Zungen, ein Geist mit Gott dem Vater, Sohn und heiligen Geist, hochgepriesen in Ewigkeit! Amen.

III. Von der Bruderliebe

1

Aus der Liebe Gottes schöpfen wir die wahre Liebe gegen die Brüder, ja auch die Liebe zu allen Menschen. Es ist das eine so wenig wie das andere eine Sache, die man so lehren und lernen oder selbst machen kann: Beides ist eine Frucht und Eigenschaft der neuen Geburt aus Gott, wodurch wir dem finsteren grimmen Element entkommen, hingegen in das Reich des Sohnes der Liebe versetzt (Kolosser 1,13) und mit den angenehmen süßen Liebeskräften aus dem Herzen Gottes immer mehr durchdrungen werden.

2

In der alten Geburt kann wohl so eine weibische Zärtlichkeit, sinnliches Schmeicheln und selbstliebige Gefälligkeit gegen solche, die uns gefallen und die sich uns gefällig bezeigen, stattfinden; aber die unlautere Natur und Eigenheit steckt überall darunter und man bleibt (bei allem Schein der Liebe) im Grund ein Kind des Zorns, das eigentlich nichts liebt als sich selbst, und beides Gott und den Nächsten nur mit Absicht auf sich selbst.

3

Daher entsteht die immerwährende geheime Unruhe, Verdruss, Argwohn, Neid, Eifer und tausend andere herbe Kräfte, die das arme Herz stören und ängstigen, da es ihm bald dieser, bald jener nicht nach seinem eigenen Willen und hochmütigen Sinn recht machen kann. In solchem

Zustande nun sind alle Friedensratschläge, Vereinigungspunkte und die allerfeierlichsten Verbindungen nichts als Schlösser in die Luft gebaut. Wird man nicht aus der Liebe geboren, so kann man nicht lieben, wie man lieben soll. Unter Hochmütigen ist immer Hader (Sprüche 13,10).

4

Darum sollen wir aus allem solchen Naturjammer hinaus hungern in die geöffnete sanfte Liebe Jesu, wie uns denn ohnedem dieses ewigliebende Gut unaussprechlich nahe ist und durch seinen Liebesgeist gern zu einem solchen Sehnen und Seufzen nach der Liebe bewegt. Seinen geheimen Zügen sollen wir uns kindlich ergeben, alle Eigenheit, alle hohen, herben und misstrauischen Kräfte gegen Gott und den Nächsten stets in die Liebe Christi versenken und in solchem demütigen Hungern und Warten nicht müde werden, bis die Liebe sich uns schenkt und uns mit ihren göttlichen Kräften durchdringt.

5

Je mehr man sich nun durch die geheimen Züge der göttlichen Liebe in diesen gottmeinenden Sinn und Grund des Herzens einführen lässt und einfältig in der Liebe drinnen bleiben lernt, desto mehr saugt man, wie ein Kindlein, lauter unschuldiges zartes Liebeleben in sich ein, so dass immer mehr das Innerste vergnügt, ja der ganze Mensch geschmeidig, lieblich, voller Liebe und in Liebe ausfließend wird.

6

Sodann erfährt man, dass die wahre Bruderliebe ein ungezwungenes, unaffektiertes, ungeformtes Wesen und Werk Gottes sei, ein freier Trieb der neuen Kreatur. In solchem Liebesgrund und Element kann einer den anderen gar nahe finden, umfassen, segnen und genießen zur Verherrlichung Gottes. Und weil man in und durch diesen Geist der Liebe Christi zu einem einigen (1. Korinther 12,13) Leib getauft und zu einem einigen Geist getränkt wird, so tut man einander wesentlich (Philipper 1,19) Handreichung, sowohl abwesend, als wenn man in Jesu Namen beisammen ist (Matthäus 18,20).

7

Und gleichwie diese lautere Bruderliebe aus der Liebe Gottes und in stiller Herzensinnigkeit entspringt, also steht sie auch der Liebe Gottes gar nicht im Wege, sondern befördert solche vielmehr. Sie lockt nicht heraus in die Natur und flatternde Sinnlichkeit, sondern sammelt und stillt das Gemüt und stärkt uns in dem Sinn, ganz für Gott zu sein.

8.

Kurz, wo die Liebe im Herzen geboren ist, da beweisen es ihre Früchte, dass sie rechter Art sei; und ihr ganzes Wesen und ihr Verhalten gegen den Nächsten wird eine lebendige Erklärung dessen, was Gottes Geist (1. Korinther 13) durch Paulus von ihr rühmet und wir hier folgen lassen:

9

Die Liebe ist langmütig. Der Naturtrieb will's im Hui erzwingen oder gar liegen lassen. Wird ein anderer nicht so geschwind nach seinem Sinn gebessert, so verwirft er das eine mit dem anderen; kann einer sein Erkennen und Erinnern nicht so bald fassen und nachgeben, so lässt er ihn laufen. Die wahre Liebe aber ist langmütig, sie sieht eine Weile zu, sie stößt den Nächsten nicht vor den Kopf, sie kann lange arbeiten, lange dulden, lange heilen, lange warten, lange versuchen und wieder versuchen, lange lieben und wieder lieben.

10

Sie ist mildfreundlich, so dass ihr bereitwilliges, holdes Wesen, Worte und Liebesverrichtungen jedermann erfreuen und gütlich tun und offenbar zeigen, wie sie sich selbst und alles, was in ihrem Vermögen ist, anderen zu brauchen und zu genießen dahin gebe.

11

Die Liebe ist nicht neidisch, sondern sie gönnet's anderen so gern als sich selbst, dass sie etwas sind, etwas können, etwas haben und genießen, es sei nun etwas Leibliches oder etwas Geistliches, und freuet sich darüber ja so herzlich, als wenn sie es selbst wäre und zu genießen hätte.

12

Die Liebe ist nicht verwegen im Richten über andere und nicht frech, mürrisch oder tückisch im Umgang mit anderen, sondern offenherzig und bescheiden: was sie tut oder spricht, geht von Herzen, aus einem gelinden und redlich meinenden Sinn.

13

Sie ist nicht aufgeblasen, sie fährt nicht stolz über andere her, sie will vielmehr anderen nur dienen und unterworfen sein. Mit ihrem Tun will sie nicht gesehen sein oder vielen Dank dafür haben: ihr Trieb und Absicht, warum sie liebt, ist Liebe, sie ist sich selbst Krone und Lohn. Darum denkt die Liebe immer, andere täten ihr zu viel, sie aber habe noch nichts oder wenig getan (Matthäus 25,37).

14

Sie stellt sich nicht ungebärdig durch verdrießliches Bezeigen, wo andere es nicht nach ihrem Sinn machen. Die Liebe ist wie ein Kindlein, es ist ihr leicht recht. Vielweniger beschämt sie durch ungeziemende Gebärden, Vorhaltungen und dergleichen den anderen, sondern sie bückt und schickt sich gern in die Gebrechlichsten, Elendesten und Ärmsten, ohne sich ihrer zu schämen.

15

Sie sucht nicht das ihre, wie solches die Natur immerdar auch in ihren besten Dingen tut; nein, die wahre Liebe sieht nicht an weder ihren Nutzen, noch Ruhm, noch Bequemlichkeit: Sie wagt solches alles dabei. Wenn nur ein anderer etwas haben mag, wenn sie nur einem anderen nutzen, dienen, ihn erfreuen und ihm etwas zu Gefallen tun kann, so vergisst sie sich selbst. Sie ist vergnügt, wenn nur derjenige, den sie liebt, vergnügt ist; dessen leibliche oder geistliche Glückseligkeit schätzt sie als ihre eigene.

16

Sie lässt sich nicht erbittern, ob man ihr gleich manchmal ungebührlich begegnet, sie quält, reizet, auch ihre Liebe und Gutes zum ärgsten deutet. Hat ein anderer Feuer, so hat sie Wasser genug in ihrem sanften Quellbrünnlein, selbiges auszulöschen durch bescheidenes, freundliches Begegnen, durch Schweigen und Gutestun. Auch über das Böse, das sie in anderen siehet, wird sie nicht zum Zorn, sondern zum Mitleiden bewegt.

17

Sie rechnet (oder denkt) das Böse nicht. Sie ist nicht argwöhnisch, sie macht keine argen, lieblosen Schlüsse und Deutungen von einem anderen, vielmehr entschuldigt sie ihn und deutet alles zum besten in Einfalt des Herzens, so viel sie immer kann. Was sie anderen zu Leide tut und was andere ihr Gutes tun, das rechnet sie, aber das Gute, so sie anderen tut, und das Böse, so ihr andere antun, das rechnet sie nicht; das ist nichts und wie eine Null bei ihr; sie hat's auch ungefordert vergeben und vergessen.

18

Sie freut sich nicht der Ungerechtigkeit, wo etwa andere straucheln, damit sie so viel frömmer scheine. Sie siehet's nicht gerne, sondern mit Wehmut, wenn anderen Unrecht oder etwas zu Leide geschieht. Ja, wo auch einer, der ihr zuwider ist oder von dem sie vorhin verurteilt worden, selbst sollte stolpern und zu Schanden werden, so freut sie sich nicht darüber aus heimlicher Rache, sondern es schmerzt sie von Herzen.

19

Sie freut sich aber mit über die Wahrheit, wo dieselbe emporkommt, es geschehe solches durch sie oder durch andere. Wenn sie fein viele Kinder sieht in der Wahrheit wandeln, wenn anderer Tugend, Gottseligkeit und rechtschaffenes Wesen bekannt und gerühmt wird, da freut sie sich mit darüber, sollte sie auch selbst deswegen vergessen und geringer geachtet werden. Sie liebt die Wahrheit, wo sie selbige findet, wäre es auch in ihren Widerwärtigen.

20

Sie deckt alles zu. Die Natur deckt ihr eigenes Böses zu und schwätzt gern vom Nächsten: die göttliche Liebe aber will nur das Gute in anderen sehen; deren Elend und Schwachheiten deckt sie zu, sie entschuldigt solche möglichst bei sich selbst und bei anderen in aller Einfalt; sie redet nicht gern davon nach, als nur, wo es zur Besserung sein muss, das Gute ist ihr eigentlicher Gegenstand; deswegen heißt es:

21

Sie glaubt alles. Weil sie selbst gut, treu, aufrichtig ist, so glaubt sie auch gern von anderen das Beste; hört sie eine gute Nachricht vom Nächsten, da sucht sie nicht viel Skrupel und Zweifel, wie die arge Vernunft tut. Das Böse von anderen glaubt sie nicht so leicht; da muss sie volle

Gewissheit haben. Weil sie aber das Gute und was Gott verherrlichen kann, liebt und wünscht, darum glaubt sie es auch gern.

22

Sie hofft alles und wirft nicht so bald die Hoffnung der Besserung bei anderen weg, sie betet und arbeitet in solcher Hoffnung, so viel sie kann. Sieht sie gleich das Böse vor sich, so hofft sie doch und denkt: Vielleicht ist es ihm schon leid, er hat wohl schon Buße getan oder er wird's noch tun, Gott kann ihm wohl wieder aufhelfen, er mag noch wohl besser werden als du bist usw. Sie hofft, da nichts zu hoffen ist.

23

Sie duldet alles. Wird sie gleich über ihr alles zudecken, alles glauben, alles hoffen und immer lieben verlacht und gedrückt, so duldet sie das alles. Und was ihr sonst bei ihrer Arbeit der Liebe selbst von denen, die sie liebt, für Proben und Leiden möchten aufgebürdet werden, so wird sie doch nicht müde in ihrer Treue und Geduld, sollte es gleich lange währen; sie harrt aus bis ans Ende. Ja, sie ist im Leiden unüberwindlich und siegt auch endlich über alles gewiss. Denn:

24

Die Liebe fällt nimmer dahin. Und wo sollte sie auch hinfallen, da sie schon im tiefsten Grund der Demut unter allem liegt? Viel Gutes mag ein Mensch haben; hat er die Liebe nicht, so ist's nichts, es fällt wieder. Ja, viel Gutes muss auch bei Frommen wieder hinfallen, damit das Beste, nämlich die reine Liebe, den Platz behalte. Diese Liebe verwelkt nicht, sie bleibt ewig, sie ist ein reines Gold, sie ist das Leben Gottes in der Seele, welches durch den heiligen Geist ins Herz eingeflößt wird. Wer nun in der Liebe bleibt, der bleibt in Gott und Gott in ihm, dass er nicht dahinfallen kann in Ewigkeit. Amen.

Strebt alle nach den besten Gaben;
Ich will nur reine Liebe haben:
Des Freundes Lieb mein's Herzens Siegel;
Die Bruderlieb mein's Wandels Spiegel.

Klassiker der christlichen Spiritualität
Band 1

Bruder Lorenz
All meine Gedanken sind bei dir
In Gottes Gegenwart leben
Herausgegeben von Reinhard Deichgräber
ISBN 978-3-937896-56-4, 5. Auflage 2026
E-Book: ISBN 978-3-86256-717-1

Das geistliche Lieblingsbuch von Papst Leo XIV.

Immer mehr Menschen sehnen sich danach, Gott zu begegnen. Doch scheint es schwer, ihn in der Welt unseres Alltags zu entdecken. Dem Karmeliterbruder Lorenz (um 1610 bis 1691) verdanken wir tiefgründige und praktikable Hilfen auf diesem Weg.

Seine Schriften sind längst ein geistlicher Klassiker. Reinhard Deichgräbers Neubearbeitung der von **Bruder Lorenz** überlieferten Schriften bringt die alten Texte in ein gut lesbares Deutsch. Seine Einführung zeigt zudem, wie sich das Anliegen des Bruders Lorenz in unseren Alltag übersetzen lässt.

Nicolas Herman trat mit etwa 25 Jahren in das Kloster der Karmeliten in Paris ein und wurde dort Bruder Lorenz von der Auferstehung genannt. Er sagt: „Gott ist uns näher, als wir meinen."

Weltweit haben seine einfachen Impulse schon Millionen von Menschen inspiriert, Gottes Nähe im eigenen Leben zu erfahren.

Klassiker der christlichen Spiritualität
Band 2

Von der Leichtigkeit, Gott zu finden
Das innere Gebet der Madame Guyon

Herausgegeben von Emmanuel Jungclaussen
ISBN 978-3-937896-84-7, 4. Auflage 2026
E-Book: ISBN 978-3-86256-799-7

„Das Gebet ist nichts anderes als die Hinwendung des Herzens zu Gott."

Zu ihren Lebzeiten umstritten und verfolgt, hat **Jeanne-Marie Guyon** (1648–1717) eine geistliche Lehre des inneren Gebets entwickelt.

Angesichts der Kräfte unserer Welt zeigt Madame Guyon von Jesus Christus her einen Weg zur Mitte. Er ist befreiend, weil er nicht noch mehr Anstrengung und Leistung verlangt, sondern die eigene Aktivität zur Ruhe bringen will, um ein stilles Geschehenlassen von Gott her zu ermöglichen. Vielleicht ist diese Ermutigung heute aktueller denn je ...

Diese Neuübersetzung macht einen spirituellen Schatz wieder zugänglich – für Menschen, die Jesus-Nachfolge ernst nehmen, Gott im Alltag finden möchten oder sich für die Geschichte der mystischen Spiritualität interessieren. Ein inspirierendes Buch für alle, die ihren Glauben vertiefen und neue Wege der inneren Freiheit entdecken wollen.

Klassiker der christlichen Spiritualität
Band 4

Frank C. Laubach
In jeder Minute bist du da
Spielerisch Gottes Gegenwart entdecken

Mit einem Vorwort von Dallas Willard
Aus dem Englischen von Bernardin Schellenberger
ISBN 978-3-86256-031-8, 2. Auflage 2022
E-Book: ISBN 978-3-86256-720-1

Ist es möglich, Gott stets vor Augen zu haben? Frank Laubach entschloss sich zu dem Versuch, in jeder Minute mindestens eine Sekunde an Gott zu denken. So erwuchs tatsächlich eine stetige innere Konversation mit Gott. Und Laubach erlebte, wie sein Leben dadurch verändert wurde.

In den erstmals 1937 erschienenen Briefen Frank Laubachs an seinen Vater schildert er die eindrucksvollen Ergebnisse des Experiments, Augenblick um Augenblick aus der Kommunikation mit Gott zu leben. Die Briefe werden ergänzt von einem praktischen Leitfaden, den Laubach entwickelte, um anderen zu helfen, Gottes Gegenwart spielerisch zu entdecken.

Frank C. Laubach (1884–1970) ist in den USA aufgewachsen und war Missionar auf den Philippinen. Er gilt als „Apostel der Analphabeten", da er eine einzigartige pädagogische Methode entwickelte, mit deren Hilfe etwa 60 Millionen Menschen Lesen lernten.